꿰뚫는 세계사

삐딱하는 세계사

시대를 이끈 자, 시대를 거스른 자

김윤상·배상훈 지음

차례

제1장 정치가와 군인   6

페리클레스 9
스키피오 아프리카누스 22
마르쿠스 안토니우스 36
아돌프 히틀러 54

제2장 최악의 군주   70

아우구스투스 72
니콜라이 2세 88
리처드 1세 106
네로 122

제3장 역사를 만든 여성들　140

잔 다르크　142
마리아 테레지아　157
엘리자베스 1세　174
마리 앙투아네트　191

제4장 신대륙의 위인들　210

시몬 볼리바르　212
앤드루 카네기　226
존 데이비슨 록펠러　242
에이브러햄 링컨　257

참고 문헌　273

제왕

정치가와 군인

아이콘 혹은
패러독스라 불린 사나이,
페리클레스

페리클레스(BC 495-429)는 서양 고대사에서 유명한 인물이다. 아테네 민주정을 대표한 정치가로 평가받고 있으며, 펠로폰네소스 전쟁 초기 아테네 시민들을 상대로 발표한 연설문은 지금도 정치가와 역사가들에게 줄곧 인용되고 있다.

페리클레스에 대한 현재의 평가는 꽤 후하지만 정작 그가 살았던 당시만 해도 그는 시민들 사이에서 상당히 논쟁적인 인물이었다. 누군가는 그를 참주로 인식했고, 또 다른 누군가는 그가 자신의 장기인 연설을 통해 아테네 시민들을 설득 시킨 노련한 정치가라고 평가하기도 했다.

더불어 그는 '영웅이 역사를 만드는가, 역사가 영웅을 만드는가'라는 오래된 논쟁을 이어가기에 아주 좋은 사례이기도 하다. 그가 죽고 얼마 지나지 않아 아테네 또한 스파르타에 밀려 그리스 폴리스의 맹주 자리를 잃고 말았기 때문이다. 수많은 평가와 주장, 이야기가 뒤섞인 매력적인 인물이 바로 페리클레스인 것이다.

일국의 '수당'이 되어버린 동맹의 믿음

페리클레스는 아카만테스 부족 사람으로 아테네 북쪽 콜라르고스에서 태어났다. 부모 모두 아테네에서 인정받는 명문가 출신이었다. 그의 아버지인 크산티포스는 페르시아 전쟁 당시 벌어진 미칼레 전투에서 적을 크게 격파한 장군이었다. 어머니인 아가리스테는 아테네 민주정의 완성자로 평가받는 클레이스테네스의 손녀였다.

페리클레스의 정책은 자신의 혈통에 따른 환경과 자연스레 연결되었다. 클레이스테네스의 민주정이 아테네에 확고하게 뿌리내릴 수 있도록 하는 동시에 아버지의 업적을 이어나가야 했기 때문이다. 뒷부분에 언급할 이야기이지만, 페리클레스 또한 아버지처럼 펠로폰네소스 전쟁 초기에 장군으로 출전하여 아테네인들에게 많은 영향을 끼치기도 했다.

페리클레스는 아테네 민회에서 배심원으로 근무하는 사람들에게 수당을 지급하는 정책을 만든 인물이기도 했다. 클레이스테네스가 구성했던 500인 평의회의 의원들, 그리고 아테네에서 공직을 맡고 있던 사람들에게 수당을 줌으로써 아테네인들의 정치 참여가 활발하게 일어날 수 있는 계기를 마련했다. 그리고 이는 자연스레 수당 지급의 전제 조건인 재정 충당의 방법에 관한 문제로 발전하게 된다.

페리클레스가 집권하기 전, 아테네는 적극적인 팽창 정책을 벌이던 페르시아 제국과 전쟁을 벌였다. 당시 넓은 영토를 자랑했던 페르시아 제국은 이오니아 지역 폴리스들의 반란 배후 세력으로 아테네를 포함한 여러 폴리스를 지목했다. 반란 진압과 그리스 장악의 꿈을 동시에 이루고자 했던 것이다. 강력한 적의 도전에 맞닥뜨린 폴리스들은 아테네와 스파르타를 중심으로 뭉쳐 난국을 타개하고자 했다. 그리고 기원전 449년, 마침내 페르시아군을 막아냈다.

단결의 열매는 델로스 동맹의 결성으로 이어졌다. 페르시아의 재침공을 대비하기 위해 만들어진 이 동맹의 중심은 아테네였다. 살라미스 해전 등 페르시아 제국의 침입을 결정적으로 막아낸 전투에서 아테네의 역할이 컸던 덕분이다. 하지만 얼마 지나지 않아 아테네는 이를 악용한다. 페리클레스가 시행한 수당 지급 정책의 재정적 원천으로 델로스 동맹의 기금을 활용한 것이다. 페르시아를 막아냈던 집단 동맹의 금고를 아테네가 독점함으로써 아테네 민주정이 질적으로 성장하는 기막힌 상황이 벌어진 것이다.

자신감에 찬 지도자, 페리클레스

페리클레스는 안으로는 민주정을 강화하고, 밖으로는 델로스 동맹의 맹주 역할을 유지하고자 했다. 그렇기 위해서는 아테네의 정체를 유지하는 것이 필수였다. 이를 위해 그는 기원전 451년 부모가 모두 아테네인일 때만 시민권을 부여하는 법률을 제안했다. 아테네의 배타성을 이전보다 크게 강화함으로써 체제 안정성을 확보하는 방법을 택한 것이다. 나아가 이 법안은 예상치 못한 효과를 가져오기도 했다. 아테네 여성의 사회적 지위가 향상된 것이다. 시민권 부여에 있어 모계 혈통의 중요성이 커지면서, 여성의 권리가 한층 더 보장되었다고 평가된다. 어찌됐든 이 시기부터 아테네는 특유의 개방성보다 순혈주의를 강조하는 분위기로 흘러가게 된다.

나아가 페리클레스는 자신을 포함해 아테네의 정치와 군사권을 장악한 10인의 장군단 내 정적들을 도편 추방을 통해 제거했다. 그리고 자신은 15년 동안 장군으로 복무했다. 당시 아테네의 장군은 수당이 지급되지 않았는데, 이로 인해 그 자리는 경제적 여유와 교육 기회가 보장된 명문가 출신들이 독점할 수밖에 없었다. 더불어 장군 선출과 도편추방제가 모두 투표로 이루었다는 점을 미루어 볼 때, 우리는 페리클레스가 상당 기간 법치를 통해 아테네의 실권을 장악했음을 알 수 있다.

페리클레스는 내정에서의 자신감을 외정에서도 유감없이 발휘했다. 기원전 446년부터 445년 사이, 스파르타와 평화 협정을 체결한 것이다. 델로스 동맹 내에서 아테네의 '제국주의화'가 지속되자 이에 불만을 가진 일부 폴리스들이 스파르타를 중심으로 펠로폰네소스 동맹을 결성한 게 평화 협정의 가장 큰 배경이었다. 아테네는 이 협정을 통해 스파르타의 우호 세력을 견제할 수 있었다.

그리고 기원전 431년 펠로폰네소스 전쟁이 발발하자, 페리클레스는 민회를 설득해 스파르타와의 일전을 승인받았다. 이를 통해 델로스 동맹의 굳건함을 다시 한번 그리스 전체에 보여주고자 한 것이다.

자신이 쌓은 성벽에 갇혀 죽다

페리클레스는 아테네 민주정을 가장 이상적인 정치 체제라고 인식한 것으로 보인다. 본인 가문의 성공은 물론, 자신의 정치적 성공을 가져온 제도도 민주정을 통해 만들어지고 실현되었기 때문이다. 특히 수당제와 시민권 부여 법률은 아테네인들에게 많은 지지를 얻었다. 그리고 이러한 정치적 성공을 이어가기 위해서는 막대한 재정이 필요했다.

델로스 동맹은 페르시아에 맞서 함께 싸운 폴리스 연합이었다. 하지만 페리클레스에게 이 동맹은 자신에게 금고 열쇠를 쥐여줄 수단에 불과했다. 그는 동맹 폴리스들에게 공여금을 강요했고, 나아가 동맹 탈퇴를 시도할 경우에는 이들을 무력으로 응징하는 일도 서슴지 않았다.

페리클레스는 한발 더 나아갔다. 바로 파르테논 신전과 아테네 방어를 위한 장성 건설 과정에서 동맹 금고를 유용한 것이다. 이는 동맹국들에게 반발을 가져오게 된다. 특히 장성 건설은 속내가 뻔히 보이는 행동이었다. 육군이 강하지만, 공성 기술은 상대적으로 뛰어나지 않았던 스파르타를 겨냥한 행위였다는 얘기다. 페리클레스의 이 전략은 펠로폰네소스 전쟁 초기에는 적절하게 기능했다. 전쟁이 시작되자 재빠르게 성안으로 아테네 시민들을 이주시켰던 것이다.

그러나 성안으로 밀집한 아테네 시민들은 곧 페리클레스를 비난하기 시작했다. 자신들의 재산과 토지가 성 밖에 있는데, 이를 모두 가져올 수 없게 되었기 때문이다. 아테네를 더욱 힘들게 한 것은 전염병이었다. 인구 보존을 위해 성 안으로 밀집한 아테네인들의 약 4분의 1이 전염병으로 죽었다. 페리클레스도 이 전염병으로 죽었다. 그는 자신이 병에 걸리기 전, 전염병 창궐로 동요한 아테네 시민들을 향해 다음과 같이 연설했다.

"명심하십시오. 이 도시는 불행에 굴하지 않기 때문에 모든 사람들 가운데에서도 가장 위대한 이름을 가지게 되었으며, 가장 많은 목숨과 노고를 전쟁에 바쳐 역사상 가장 강력한 힘을 갖게 된 것입니다. 이것은 후세에도 영원히 기억으로 남을 것입니다. 그리고 설령 우리 세대 역시 언젠가 쇠퇴하게 된다고 말입니다. (중략) 역사상 우리가 가장 많은 헬라스인들을 지배했고, 가장 큰 전쟁들에서 도시들의 연합, 그리고 각각의 도시들과 맞서 싸웠으며, 모든 점에서 가장 훌륭하게 갖춰진 가장 위대한 도시에서 거주했다고 말입니다."

페리클레스는 아테네 민주정에 가장 필요했던 정치가였다. 그는 아테네 시민들이 원하는 것을 예리하게 포착했고, 그것을 정책으로 보여주었다. 심지어 자신의 역량을 민주정 유지, 발전에만 쓰지 않고 아테네를 제국주의화하는 데까지 활용했다. 그러나 아테네가 아닌 폴리스 시민들에게 그는 어떤 사람이었을까. 좋은 정치가였을까? 아니면 자신들을 아테네 영광의 희생양으로 쓴 잔학무도한 인물이었을까?

> 프로파일링 보고서

민주정의 문을 화려하게 닫은 정치선동가

그리스 역사에서 '참주'라는 개념은 단순한 폭군이나 독재자와는 다른 복잡한 의미를 지니고 있다. 이는 현대의 포퓰리즘과 유사한 측면이 있어, 도널드 트럼프와 같은 정치인들의 사례와도 비교될 수 있다. 참주정은 형식적으로 민주정의 모습을 띠지만, 내용적으로는 전혀 다른 양상을 보이는 독특한 정치 체제이다. 대중의 지지를 받는다는 점에서 민주적이지만, 그 운영 방식에서는 독재적 성향을 띠는 모순적인 구조를 가지고 있기 때문이다.

참주정은 때때로 귀족정과 민주정의 과도기로 보이기도 한다. 하지만 참주정의 핵심은 카리스마 있는 지도자가 하층민의 강력한 지지를 얻어 권력을 장악하는 데 있다. 힘을 얻은 지도자는 대중의 맹목적인 지지를 바탕으로 기존의 법체계와 권위를 초월하는 절대적인 권력을 행사한다.

더불어 참주정의 가장 큰 위험성은 그 체제의 불안정성에 있다. 참주가 권력을 잃거나 사망하면 정치적 공백이 발생하고, 이는 종종 사회적 혼란으로 이어진다. 우리가 앞서 살펴본 페리클레스의 죽음, 그리고 이어진 아테네의 몰락이 가장 대표적인 예이다.

이번 이야기의 주인공인 페리클레스는 고대 그리스의 대표적인 참주로 알려져 있다. 하지만 그는 동시에 아테네 민주정을 대표하는 정치가로 알려져 있기도 하다. 그가 이러한 평가를 받게 된 데에는 그의 뛰어난 연설 능력이 한몫했다. 수천 년이 지난 오늘날까지도 정치인과 역사가들에 의해 꾸준히 인용될 만큼 놀라운 연설 능력 말이다.

페리클레스의 연설 능력은 당시 아테네 시민들을 감화시키는 데 큰 역할을 했다. 특히 그의 즉석 대중 연설은 청중을 사로잡는 힘이 있었고, 이는 자신의 정치적 영향력을 확대하는 데 결정적인 요인이 되었다. 더불어 이러한 그의 능력은 근대 국가에서 요구되는 정치적 덕목과 일치하면서 후대의 정치인들에게 모범이 되기도 했다.

그렇다면 페리클레스는 어떤 사람이었을까? 그는 아테네 정치사에서 독특한 위치를 차지하고 있다. 부모로부터 민주정과 귀족정의 유산을 동시에 물려받은 그는 양쪽의 장단점을 모두 경험했다.

이러한 배경은 그에게 기존의 정치 체제에 얽매이지 않는 유연성을 제공했지만, 동시에 어느 한쪽에도 완전히 속하지 못하는 한계도 가져왔다. 이러한 이중적 배경은 이후 그가 새로운 정치 방식을 모색하는 데 중요한 역할을 하게 된다.

페리클레스가 도입한 '돈을 이용한 정치'는 그의 가장 주목할 만한 업적 중 하나가 됐다. 당시로서도 혁신적인 접근 방식이었던 것은 물론, 후대의 정치 체제에도 지대한 영향을 미쳤기 때문이다. 그의 정책은 시민들에게 직접적인 경제적 혜택을 제공함으로써 정치적 지지를 얻는 방식이었다.

하지만 페리클레스의 정책은 장기적인 측면에서 아테네에 부정적인 영향을 미쳤다. 지속적인 재정 수요를 충당하기 위해 동맹국들의 자금을 유용하게 되면서, 아테네는 점차 제국주의적 성향을 지니게 되었다. 이는 결과적으로 동맹국들과의 관계를 악화시키고, 아테네의 고립을 초래했다. 이러한 정책의 부작용은 결국 아테네의 쇠퇴로 이어졌고, 이는 단기적 이익을 추구하는 정책의 위험성을 보여주는 역사적 교훈이 되었다.

페리클레스 시대의 아테네에서 강화된 순혈주의는 복잡한 결과를 낳았다. 단기적으로는 정치적 결속을 강화하는 데 도움이 되었지만, 장기적으로는 사회의 폐쇄성과 배타성을 증가시켰던 것이다. 이러한 순혈주의적 태도는 아테네를 점차 고립시켰고, 결국에는 도시의 몰락까지 가속화했다.

페리클레스의 유명한 추도사 또한 이러한 맥락에서 재해석될 수 있다. 그의 웅변술은 시민들의 희생을 찬양하고 애국심을 고취시키는 데 탁월했다. 그러나 이는 동시에 순혈주의와 배타적 국가주의를 정당화하는 도구로 작용했다. 그의 연설은 후대에 국가주의와 애국심을 고취시키는 모델이 되었지만, 동시에 극단적 국가주의의 위험성도 내포했다.

페리클레스의 레토릭은 근대 국가 형성 과정에서도 큰 영향을 미쳤다. 특히 전쟁 시기에 젊은이들의 애국심을 고취시키는 데 활용되었다. 그러나 이는 동시에 개인의 희생을 미화하고 맹목적인 애국심을 조장하는 위험한 도구가 될 수 있음을 역사는 보여주고 있다.

그럼 이제 마지막 질문을 던져보자. 페리클레스는 뛰어난 정치가였을까? 이 질문에 긍정적인 답을 하기 위해선 전제가 필요할 듯하다. '아테네로 한정한다'는 전제 말이다. 그는 아테네 시민으로서의 정치는 감당해 낸 것 같다. 하지만 그건 그저 아테네 안에서의 성공에 불과했다. 그의 선임자들이 만들어낸 폴리스 전체의 힘과 가능성을 모두 무너뜨린 정치인이었다. 다시 말해, 페리클레스는 아테네 안에서의 성공만을 거둔, 그리고 결과적으로 그 스스로 아테네를 지켜주리라 믿었던 성벽과 함께 무너져버린 '고립된' 정치인이었다는 이야기이다.

그러나 지금의 우리도 이런 페리클레스를 끊임없이 답습하고 있는 듯하다. 민주주의의 뿌리는 개방성과 다양성이라고 외치지만, 정작 현실의 권력 앞에 무릎 꿇고 순혈주의 포퓰리즘에 기대기를 주저하지 않는다. 장기적인 개방과 포용보다는 눈앞의 표를 더 절실히 여기며, 긴 호흡의 논리적인 설득보다는 짧고 격한 감정에 호소한다. 앞길이 창창한 젊은이들에게 창과 칼을 들고 전장 앞으로 나가라고, 나의 잠재적 위험이 될지도 모르는 이를 제거하기 위해 '순교자'가 되라고 가스라이팅 시키기를 주저하지 않는다.

페리클레스의 정치가 혐오스러운가? 그런 당신에게 묻고 싶다. 과거가 아닌, 지금 우리 안의 페리클레스는 어떻게 할 것인가?

가려진 승자, 스키피오 아프리카누스

로마가 세계 제국으로 성장하는 과정에서 필연적으로 언급되는 사건이 하나 있다. 바로 포에니 전쟁이다. 로마는 이 전쟁을 통해 지역의 패권을 장악하고 있던 카르타고를 밀어내고, 마침내 지중해의 지배자로 자리 잡게 된다.

세 차례에 걸쳐 일어난 전쟁 중 가장 주목할 만한 사건은 바로 2차 포에니 전쟁이다. 1차 포에니 전쟁의 패배를 딛고 복수를 준비한 카르타고의 지휘관 한니발의 면밀한 전략이 빛을 발했다. 한니발(BC 247-183/181)과 그의 군대는 알프스산맥을 넘어 로마의 본거지 이탈리아반도에 다다랐고, 마침내 칸나에 전투를 통해 로마를 벼랑 끝까지 몰고 갔다.

한니발의 반대편에는 젊은 장군이 있었다. 아버지를 따라 카르타고와 싸우고 있던 스키피오(BC 235-183)였다. 기원전 211년 아버지가 전투에서 사망한 뒤, 그는 복수심에 불탔다. 그리고 결국 카르타고가 로마를 곤경에 몰아넣었던 전략을 적에게 그대로 전개함으로써 한니발의 로마 원정을 결과적으로 실패하게 만들었다. 스피키오는 끝내 카르타고의 본토에서 한니발의 정예군을 전멸시키는 위업을 달성한다.

아프리카로 향한 젊은 장군

스키피오의 본명은 푸블리우스 코르넬리우스 스키피오이다. 고대 로마의 명문가 중 하나였던 코르넬리우스 가문이 시간이 지나며 킨나, 술라, 돌라벨라, 스키피오 등으로 분화되었는데, 그는 이중 스키피오 가문의 일원이었던 것으로 추정된다.

여기서 잠깐 1차와 2차 포에니 전쟁 사이의 역사를 살펴보자. 고대 지중해 세계를 풍미했던 페니키아인들은 지중해 일대의 무역을 장악하고, 각 지역에 자신들의 도시국가를 건설했다. 그중 가장 번성했던 국가가 바로 카르타고였다. 그런데 이탈리아반도를 통일한 로마가 점차 세력을 확장하면서 시칠리아섬 등 인근 지역의 장악을 시도했고, 결국 이는 지중해 제해권을 장악하고 있던 카르타고와의 충돌을 불러왔다. 기원전 241년에 일어난 1차 포에니 전쟁은 로마의 승리로 끝났고, 카르타고는 이때 지중해의 패권을 로마에 넘겨주었다. 그때 로마에 대한 복수를 다짐한 사람이 있으니, 바로 카르타고의 장군 하밀카르 바르카였다.

하밀카르는 시칠리아섬을 대신할 카르타고의 새 식민지를 물색했고, 히스파니아, 지금의 이베리아반도 지역을 거점으로 세력을 확대해 갔다. 이후 하밀카르는 죽으면서 아들에게 로마 진군을 명령하는데, 그 아들이 바로 한니발이다.

아들은 아버지의 유언을 그대로 따르기로 했다. 하밀카르가 구축한 히스파니아를 배후 기지로 삼아 철저하게 로마 원정을 준비하기 시작한 것이다. 준비를 마친 그는 동생인 하스드루발에게 히스파니아를 맡기고, 사군툼 공격을 시작으로 로마 원정을 단행했다.

원정 초기에 한니발은 포강 지류인 티키누스강 근처에서 로마군과 교전했다. 여기서 스키피오는 아버지를 따라 전쟁에 참여했는데, 여기서 죽을 뻔한 아버지를 구한 것은 물론, 한니발 부대의 전술과 위력을 몸소 체득했다.

이후 칸나에 전투에서 대패한 로마는 한니발과의 직접적인 전투를 피하며 지연 전술을 펼치고 있었다. 이때 스키피오는 티키누스 전투에서 패한 아버지, 숙부와 함께 히스파니아 원정을 떠난다. 그들은 칸나에 전투가 끝난 뒤 한니발이 로마 동맹국들을 와해시키고 있었던 상황에서 적의 근거지였던 히스파니아를 복속해야 그들의 힘을 뺄 수 있다고 보았다.

히스파니아 원정은 결코 쉽지 않았다. 아버지와 숙부가 모두 전사했을 정도로 말이다. 그리고 얼마 뒤, 당시 서른 살도 채 되지 않았던 스키피오는 로마 원로원으로부터 콘술 Consul과 동일한 임페리움 Imperium, 즉 통솔권을 부여받았다. 집정관도, 법무관도 역임한 적 없는 지도자에게 내려진 파격적 결정이었다. 이것은 한니발의 로마 본토 공격이 매우 강력했음을, 동시에 로마가 자신들의 콘술 파울루스마저 전사한 위기 상황에서 적의 본거지로 스스로 가겠다는 스키피오를 막을 이유가 없었음을 보여주는 것이었다.

원로원의 예상과 달리, 스키피오는 수차례의 전투 끝에 히스파니아 지역을 로마령으로 완전히 복속하는 데 성공한다. 그리고 나아가 스키피오는 한니발이 로마 본토에서 그랬던 것처럼 적의 본토, 즉 카르타고에서 전쟁하기를 원했다. 그는 아프리카로 향했다.

아프리카누스가 된 정복자

기원전 205년, 로마 공화국의 정무관 중 최고 지위자에 해당하는 콘술이 된 스키피오는 시칠리아로 부임했다. 서둘러 카르타고의 본국이 위치한 아프리카로 가 전쟁을 벌이고 싶었지만, 예상외의 선전으로 스키피오의 명성이 높아져 원로원이 견제한 탓이었다. 하지만 스키피오는 시칠리아에서 아프리카 원정을 단행했고, 스키피오의 공격으로 위기에 빠진 카르타고는 결국 로마 남쪽에 있던 한니발을 본국으로 소환했다.

기원전 202년, 자마 평원에서 스키피오의 원정군과 한니발의 카르타고 군이 격전을 벌이게 된다. 스키피오는 먼저 카르타고 인근의 마시니사라는 나라와 동맹을 맺고, 이탈리아에서 데리고 온 본대 외에 별도의 부대를 확보한다. 그리고 칸나에 전투를 교훈 삼아 로마의 자랑인 밀집 대형 대신 소규모 부대로 세분화해 전투를 준비했다. 한니발 부대의 주력인 코끼리 부대의 파괴력을 무력화하고, 로마 원정으로 소모된 한니발의 부대보다 수적으로 앞선 기병과 보병 부대의 힘을 효과적으로 사용하기 위한 결정이었다. 철저한 준비 끝에 스키피오는 이 전투에서 대승을 거두었고, 결국 2차 포에니 전쟁도 로마의 승리로 끝나게 되었다.

스키피오는 로마군의 사령관으로서 전후 처리 문제에도 탁월한 능력을 보여줬다. 카르타고와의 평화 협정을 체결하는 과정에서 향후 한니발의 복수를 방지하기 위해 함대 규모를 축소하고 코끼리 부대 양성도 금지한 것이다. 이에 더해 스키피오는 자마 전투를 위해 점령했던 아프리카의 영토들을 카르타고에게 반환했다. 로마 본토가 한니발의 군대에 유린당했던 당시 상황을 비교해본다면 이는 상당히 진일보한 평화 협정이었다. 이후 스키피오는 아프리카를 정복한 인물로 로마인들의 추앙을 받으며 아프리카누스Africanus, 즉 '아프리카의 정복자'라는 칭호를 얻게 된다.

기원전 194년 스키피오는 두 번째로 콘술이 되었다. 한니발이 2차 포에니 전쟁에서 패한 뒤에도 셀레우코스 제국의 안티오코스 3세와 연합해 로마 공격을 준비하는 등 위협이 가시화되었던 탓이 컸다.

이후 그는 직접 원정에 나서 상존하는 위협을 제거하고자 했다. 그런데 그가 한니발을 격퇴한 데 이어 그리스 원정까지 성공할 경우, 영향력이 너무나 커질 것을 우려한 원로원은 스키피오의 제안을 거절한다. 그는 궁여지책으로 동생인 루키우스 코르넬리우스 스키피오의 부관으로 자원하여 원정군에 동행한다.

2차 포에니 전쟁의 눈부신 전과와 달리, 스키피오는 병에 걸려 지휘권을 놓는 등 그리스 원정에서는 큰 역할을 하지 못했다. 그럼에도 안티오코스 3세로부터 강화 협정을 이끌어내는 성과를 얻었다. 이는 2차 포에니 전쟁 이후 카르타고와의 평화 협정의 목적과 유사했다. 그는 항구적 평화를 위해서 복수적 성격의 강화 협정은 피하고자 했다. 하지만 이런 결정은 도리어 그의 정적들에게 좋은 먹잇감으로 작용하고 만다.

추락한 영웅

2차 포에니 전쟁과 그리스 원정을 수행하고 온 스키피오 아프리카누스를 축출하려는 움직임이 원로원에서 나타난다. 흥미롭게도 스키피오 아프리카누스를 곤경에 빠뜨린 사람은 시칠리아, 아프리카 원정을 동행한 콰이스토르Quaestor, 즉 재무관 카토였다.

원로원은 먼저 그의 동생 루키우스를 고소했다. 그리스 안티오코스 3세가 전달한 배상금을 횡령한 혐의였다. 루키우스는 자신의 무고함을 호소하기 위해 해명서를 작성했지만, 형 스키피오 아프리카누스는 그 해명서를 찢고 원로원 바닥에 던져버렸다. 억울함의 발로였지만, 정적들에게는 또 다른 기회였다.

스키피오 아프리카누스는 한니발을 무너뜨린 천재적인 군인이었지만, 수사에 능한 원로원 의원은 아니었다. 그는 자신을 둘러싼 고발을 이해할 수 없었고, 그것은 정적에 대한 고압적인 언행으로 이어졌다. 카토와 한패가 된 호민관 페틸리 형제는 스키피오 아프리카누스가 가벼운 강화 협정의 조건으로 안티오코스 3세로부터 뇌물을 받았다고 폭로했다.

뇌물 수수의 증거를 대라는 스키피오 아프리카누스의 반박이 이어지자, 카토와 그를 따르는 원로원 의원들은 스키피오 아프리카누스의 행적 하나하나를 문제 삼기 시작했다. 집정관 시절 관할지역이 아니었던 로크리 지방을 탈환한 행적부터 안티오코스 3세와의 강화 협정을 진행한 것까지 그가 모두 월권행위를 했다고 비판했다. 그들의 주장 중 일부를 소개한다.

"스키피오는 집정관의 관할지역에서 마치 독재자처럼 행동하며 부관의 지위에 걸맞지 않은 전횡을 일삼았다. 그는 오래전에 히스파니아, 시칠리아, 갈리아, 그리고 아프리카에서 굳어진 그릇된 확신을 그대로 가지고 그리스와 아시아로 갔다. 그 확신은 그 혼자만이 로마의 지붕이고, 기둥이라는 것이다. 세계의 주인인 한 국가는 스키피오의 그늘 아래 숨어야 했고, 그의 끄덕임은 원로원의 법령이자 시민의 명령과 마찬가지였다."

스키피오 아프리카누스는 포에니 전쟁 때와 다른 로마 정치가들의 행태에 큰 스트레스를 받은 것으로 보인다. 그는 조국이 위기에 빠졌을 때 누구보다 앞장서서 능력을 발휘한 애국

자였지만, 지금은 원로원 의원들에게 갖은 수모를 당하고 있는 죄인이었다. 그는 자신을 손가락질하는 이들에게 다음과 같이 외쳤다.

"호민관 여러분, 시민 여러분, 그리고 로마인들이여. 오늘은 내가 아프리카 자마에서 한니발과 카르타고를 상대로 행운과 승리에 대한 신념을 갖고 격전을 벌인 날입니다. 그러므로 이런 날에는 잠시 소송과 논쟁을 멈추는 것이 온당하지 않을까 합니다. (중략) 다른 신들에게 조국 로마를 위해 특별한 헌신을 할 수 있는 의지와 능력을 나에게 부여해주신 것에 대한 감사를 할 작정입니다. 로마인들이여, 여러분 중에서도 원하는 사람은 나와 함께 가서 나와 같은 인물을 더 많이 가질 수 있도록 신에게 기도했으면 합니다. 내 나이 열일곱 살 때부터 오늘날까지, 여러분은 늘 영광으로 나의 날들을 장식해주었고, 나는 여러분에게 헌신을 통해 그 영광을 되돌려 왔습니다."

이후 그는 병을 핑계로 재판을 피하고자 캄파니아 지방의 리테르노로 망명했다. 그리고 기원전 183년에 쓸쓸히 생을 마감했다. 그는 조국에서조차 묻히지 못했다. 스키피오 아프리카누스의 말년에 대한 로마 역사가 리비우스의 주석은 당시 로마 원로원의 분위기를 짐작하게 한다.

"저 위대한 아프리카의 정복자 스키피오가 그대들, 호민관들의 발밑에 서야만 합니까? 겨우 이것을 위하여, 그는 히스파니아에서 네 명의 가장 출중한 카르타고 장군들과 그들의 군대를 패배시켰습니까? 겨우 이것을 위하여, 그는 시팍스를 사로잡고, 한니발을 격파하고, 카르타고가 그대들에게 공물을 바치도록 만들었습니까? 겨우 이것을 위하여, 그는 병든 몸으로 아시아까지 원정을 떠나 안티오코스를 타우루스 산맥 저편으로 물리쳤습니까? 그런 그가 이제 페틸리 형제 앞에 고개를 숙여야만 하겠습니까? 그대들은 스키피오에게 손바닥만 한 승리를 획득해야만 하겠습니까?"

불세출의 명장으로 로마를 구원한 스키피오 아프리카누스의 삶은 이렇게 비참한 말로를 맞이했다. 지금 이탈리아인들에게 구국의 영웅은 카이사르일까, 아니면 옥타비아누스일까. 물어보고 싶다. 그대는 스키피오 아프리카누스가 누군지 아십니까?

프로파일링 보고서

어쩌면
최초의 로마 '제국'인

스키피오는 로마 역사상 중요한 인물 중 하나임에도 불구하고, 많은 이들에게 잘 알려지지 않은 인물이다. 대부분은 영화 <글래디에이터>에서 언급되는 '아프리카누스'가 한니발을 물리친 로마의 장군이라는 사실 정도만 알고 있다. 그러나 스키피오의 역사적 가치는 결코 과소 평가될 수 없다. 그는 로마가 도시국가에서 제국으로 성장하는 과정에서 핵심적인 역할을 했기 때문이다.

　스키피오의 중요성은 그가 로마의 가장 강력한 외부 위협 중 하나였던 한니발과 맞서 싸웠다는 점에서 더욱 두드러진다. 한니발은 카르타고의 뛰어난 장군으로, 알프스를 넘어 로마를 위협했던 인물이다. 스키피오는 이 강력한 적을 상대로 혁신적인 전략을 펼쳐 승리를 거두었고, 이는 로마의 미래를 결정짓는 중요한 전환점이 되었다.

스키피오의 업적은 단순히 군사적 승리를 넘어 로마의 제국화 과정에 깊은 영향을 미쳤다. 그의 전략은 적을 단순히 물리치는 것이 아니라, 적의 장점을 학습하고 흡수하여 로마를 더욱 강하게 만드는 것이었다. 이러한 접근 방식은 이후 로마의 확장 정책에 큰 영향을 미쳤고, 로마가 세계 제국으로 성장하는 데 중요한 토대가 되었다.

스키피오의 가장 큰 업적은 한니발을 상대로 펼친 그의 혁신적인 전략에 있다. 그는 전통적인 로마의 전술을 고수하는 대신, 한니발의 전략을 철저히 연구하고 이를 자신의 것으로 만들었다. 이는 단순한 모방이 아닌, 적의 강점을 이해하고 이를 자신의 무기로 삼는 고도의 전략적 사고였다.

구체적으로, 스키피오는 한니발이 로마를 공격할 때 사용했던 전략을 역으로 활용했다. 로마 본토에서 방어전을 펼치는 대신, 과감하게 카르타고의 본진을 공격하는 전략을 채택한 것이다. 이는 한니발이 알프스를 넘어 로마를 기습 공격했던 전략을 그대로 모방한 것이었다. 이러한 대담한 전략은 결국 한니발을 카르타고로 불러들이는 결과를 낳았고, 스키피오는 자신의 영토에서 싸우게 된 한니발을 상대로 큰 승리를 거두게 된다.

스키피오의 전략은 후대의 로마 지도자들에게도 큰 영향을 미쳤다. 특히 율리우스 카이사르(BC 100-44)는 스키피오의 방식을 그대로 따라 갈리아 정복에 성공했다. 카이사르는 스파르타쿠스의 반란을 진압할 때, 상대방의 전술을 학습하고 모방하여 승리를 거두었다. 스키피오가 한니발을 상대로 했던 전략을 그대로 따른 것이다.

이러한 접근 방식은 로마가 제국으로 성장하는 과정에서 핵심적인 역할을 했다. 단순히 군사력으로 정복하는 것이 아니라, 정복한 지역의 문화와 지식을 흡수하고 이를 자신의 것으로 만드는 능력을 갖췄다는 이야기이다. 이는 이후 로마가 오랫동안 제국을 유지하는 데 중요한 요인 중 하나로 자리 잡게 된다.

여담이지만 한니발과 스키피오는 도플갱어라고 해도 될 만큼 닮았다. 대를 이은 장군 가문의 금수저 출신으로 천부적인 군사적 재능을 가졌지만, 정치적인 능력에는 명확한 한계를 드러냈다는 점에서 말이다. 상대의 의표를 찌르는 전술적 판단 능력, 수세에 몰려도 상황을 돌파하는 과단성은 두 사람 모두 천부적인 능력을 가진 엘리트 군인이었음을 보여준다. 반면 복수전과 반대파의 투쟁에서 패배한 뒤 비참하게 삶을 마감한 모습은 이들의 정치적 수완이 매우 부족했다는 사실을 알려준다.

역사적인 인물은 전쟁에서의 승리만 가지고 기억되는 것이 아니다. 나폴레옹을 격파한 넬슨은 승리자이지만, 역사는 넬슨보다는 나폴레옹을 기억한다. 삼국지에서의 승자는 조조와 그의 후계자들이지만, 세상은 제갈공명과 유비를 기억한다. 우리가 앞서 본 이야기도 마찬가지이다. 한니발은 전쟁의 승리자가 아니었지만, 역사는 스키피오보다 한니발을 더 많이 떠올리며 기억하고 있다. 영국의 역사학자 아놀드 토인비는 역사를 '도전과 응전의 과정'이라고 말했다. 우리가 상대의 전략을 카피해 승리한 스키피오보다 창의적인 패배자에 가까운 한니발을 기억하는 것도 어쩌면 같은 이치인지 모르겠다.

그렇다고 해서 스키피오의 업적을 폄하하거나 묻어버릴 필요는 없을 것이다. 그의 사고와 접근방식, 그리고 전쟁에서의 승리가 로마를 제국으로 이끄는 디딤돌이 되었다는 사실만큼은 부정할 수 없기 때문이다. 그는 비참하게 생을 마감한, 어쩌면 또 다른 패배자였을지도 모른다. 그러나 그 사실이 그가 가장 로마적인 인물이었다는 사실마저 지워버리는 것은 아니다. 그는 어쩌면 최초의 로마 '제국'인이었을지도 모르겠다. 이제야 스키피오가 보인다!

아우구스투스에 가려진 패배자, 안토니우스

마르쿠스 안토니우스(BC 83-30)는 로마공화정이 제정으로 넘어가는 시점에 로마 사회를 관통하는 삶을 살았다. 그는 로마공화정의 방향을 좌우했던 카이사르(BC 100-44)의 부하였으며, 카이사르가 세상을 떠난 뒤에는 옥타비우스(BC 63-14), 레피두스와 함께 2차 삼두 정치를 주도했던 사람이기도 하다. 레피두스가 세상을 떠난 뒤, 그는 카이사르의 양자였던 옥타비우스와 로마의 패권을 두고 경쟁했다. 카이사르가 싹을 틔운 제정의 완성자는 최후 승자인 옥타비우스였다. 더군다나 안토니우스는 악티움 해전에서 이집트의 여왕 클레오파트라와 연합해 옥타비우스에게 저항했던 이미지로 각인되어 당대나 사후 모두 박한 평가를 받고 있다.

그럼에도 안토니우스의 삶을 돌아보는 것은 분명 의미가 있다. 당시 카이사르를 암살한 브루투스 등 원로원 내 일부 세력은 공화정 체제를 유지하고자 했다. 그들은 로마 시민의 지지를 받는 군인일지라도 원로원 중심의 로마공화정을 대체하려는 행동은 반역이라고 생각했다. 반대로 카이사르는 자신의 권력을 끊임없이 견제하려는 원로원을 유명무실하게 만드는 작업에 몰두했고, 이는 결국 그가 암살당하는 배경으로 작용했다.

안토니우스는 그런 카이사르의 가까운 곳에 머무르면서 카이사르의 처세술과 정치력을 목격했다. 동시에 당대 로마공화정의 위기를 가장 가까운 곳에서 마주하기도 했다. 그는 카이사르의 진정한 후계자가 되고자 했던 거 같다. 하지만 흥미롭게도 카이사르의 후계자가 된 것은 옥타비우스였다.

카이사르가 남긴 유언장에는 안토니우스가 없었다. 이걸 본 안토니우스는 대체 어떤 기분이었을까?

종신독재관 카이사르의 오른팔, 안토니우스

안토니우스는 평민 출신으로 관직을 통해 귀족 반열에 오른 노빌레스 가문 출신이었다. 다시 말해, 그는 전통적인 귀족 가문이 아니었다는 이야기이다. 그가 성장할 시기에는 평민회를 중심으로 형성된 민중파가 커질 대로 커진 원로원의 영향력을 견제하고 있었다. 이러한 상황에서 안토니우스는 평민 가문 출신으로서 정치에 참여해 입신양명을 꿈꾸었던 것으로 보인다.

이 시기 안토니우스의 정치 여정에 있어 가장 큰 장애물은 키케로(BC 106-43)였다. 변론술의 대가로 당대 원로원 내 귀족파를 대표한 키케로는 카틸리나 지역의 역모 사건을 밝혀내며 자신의 정치적 영향력을 키우고 있었다. 그런데 공교롭게도 키케로에 의해 역모 사건의 연루자로 지목되어 사형 당한 사람 중 코르넬리우스 렌툴루스라는 인물이 있었다. 그는 안토니우스의 계부, 즉 의붓아버지였다. 그리고 이 사건 이후 안토니우스는 당시 키케로와 대립각을 세우고 있었던 클로디우스의 편에 가담해 민중파 인사로 활동하게 된다.

안토니우스는 민중파에서 두각을 나타내는 동시에 자신의 삶을 결정한 군사 분야에서 탁월한 능력을 보여주기 시작한다. 기원전 57년, 그는 그리스에 주둔 중인 가비니우스 부대의 기병대장으로 시리아 원정에 참가하여 반란을 일으킨 아리스토

불루스 세력을 궤멸시켰다. 이어 이집트 내전에 개입해 퇴위당한 프톨레마이오스 12세를 복위시키기도 했다. 아시아 원정의 성과를 토대로 안토니우스는 로마 정계에서 서서히 두각을 나타낸다.

기원전 52년에 콰이스토르가 된 그는 갈리아로 파견된다. 이때 갈리아에서는 카이사르가 총독으로 재직하고 있었다. 안토니우스는 이 시기 카이사르의 부관으로 활동하고, 2년 뒤인 기원전 50년에 카이사르의 후원 아래 호민관에 당선된다. 그런데 당시 로마 원로원은 카이사르의 정적이었던 폼페이우스(BC 106-48)가 장악하고 있었다.

갈리아 정복 이후, 카이사르는 자신의 대중적 인기와 정치적 영향력 모두를 크게 키웠다. 위기감을 느낀 원로원은 그를 견제하고자 했다. 그가 가진 힘의 원천인 군대를 해산시키려고 한 것이다. 이 같은 상황을 감지한 안토니우스는 우선 카이사르와 폼페이우스의 사이에서 갈등을 조정하고자 했다. 그러나 로마 내에서는 폼페이우스의 세력이 월등히 강한 상황이었다. 중재안을 내놓은 안토니우스는 오히려 정치적으로 곤경에 빠져버리고 만다.

위기에 빠진 안토니우스는 카이사르가 주둔하고 있던 갈리아로 갔다. 그리고 제반 상황을 보고 받은 카이사르는 곧장 자신의 군대를 이끌고 루비콘강을 건넌다. 카이사르의 봉기 과정에서 안토니우스의 역할은 결코 작지 않았던 것이다. 예상을 뒤엎은 카이사르의 진군에 제대로 대항하지 못한 폼페이우스는 그리스로 도망쳐 반 카이사르 세력을 규합했지만, 카이사르는 안토니우스와 함께 이들마저 모두 전멸시켰다.

이 시기부터 카이사르는 안토니우스를 이인자로 대우했다. 안토니우스를 콘술로 임명하고, 자신은 곧 종신독재관의 칭호를 얻어 로마 정계를 지휘한 것이다. 안토니우스는 카이사르의 권력 장악을 열심히 도왔다. 그리고 이는 폼페이우스 사후 한동안 숨죽이고 있던 반反카이사르 세력의 결집을 불러오게 된다.

주군의 죽음과 호적수의 등장

기원전 44년 3월 15일, 반 카이사르파 원로원 의원들이 카이사르를 죽이기 위해 모였다. 이날은 카이사르가 파르티아 원정을 떠나기 직전이었다. 당시 그는 로마 시민들에게 높은 인기를 누리고 있던 터라 파르티아 원정까지 승리해 돌아오면 황제 즉위마저 기정사실이나 다름없는 상황이었다. 이날 브루투스를 비롯한 암살자들은 카이사르를 암살하는 일에만 집중했다. 그가 죽으면 자연스레 카이사르의 나머지 일당도 자연스레 무너지리라 여겼기 때문이다. 그리고 그 선택은 후에 큰 패착으로 되돌아온다.

안토니우스는 사람들이 혼란에 빠진 상황에서 노예 변장을 하고 로마를 빠져나왔다. 그리고 레피투스와 연합해 암살파의 핵심인 카시우스, 브루투스와 협상했다. 카이사르를 죽인 다음 단계를 고민하지 않았던 암살파는 안토니우스의 제안을 받아들일 수밖에 없었다. 높은 지지를 받던 카이사르의 갑작스런 죽음으로 로마 시민들이 극도로 불안해했기 때문이다. 나아가 폼페이우스와의 내전이 얼마 되지 않았다는 점, 또다시 내전이 벌어질 경우 로마 전체가 크나큰 혼란에 빠질 수 있다는 점 등을 고려하지 않을 수 없었다. 암살파는 로마공화정의 전통과 법치를 지키기 위해 예비 황제 카이사르의 암살을 결행했지만, 정작 그들의 믿음과 의도는 로마 시민들에게 와 닿지 않았던 것이다.

안토니우스는 이 점을 예리하게 포착하고 있었다. 암살파가 카이사르가 제정한 법령과 조치를 무효화하자고 주장했을 때, 그는 도리어 카이사르의 법령과 조치를 유효화하고 카이사르의 장례를 국장으로 치뤄 시민들의 불안감을 해소해야 한다고 역설했다. 3월 20일, 그러니까 카이사르의 장례일에 안토니우스는 카이사르의 유언장을 발표했다. 시민들에게 자신의 재산을 배분하고, 남은 재산은 로마에 헌납한다는 이 내용은 장례 분위기와 겹쳐져 암살파에 대한 비난으로 이어졌다. 원로원이 화염에 휩싸이고, 암살파는 로마 외곽으로 도망쳤다. 안토니우스는 이제 로마의 일인자가 되었다. 그러나 안토니우스는 평생의 호적수를 맞이하게 된다. 어떻게 보면 브루투스보다 더 강력한 정적, 옥타비우스였다.

옥타비우스는 카이사르 누이동생의 외손자였다. 안토니우스가 아무리 종횡무진 활약해도 혈통으로서 카이사르의 직계는 옥타비우스였다. 그는 파르티아 원정에 집중하던 중 카이사르의 암살 소식을 들었다. 그리고 유언장에 따라 카이사르의 후계자로 공인받고 본격적인 정치 행보를 시작했다. 스무 살이나 많았던 안토니우스를 대신해 유언의 내용을 집행하고자 했고, 안토니우스가 개인적으로 착복한 카이사르의 재산을 되찾아와 로마 정계에서 인지도를 쌓고자 했다.

한편, 브루투스파는 로마 외곽에서 군사력을 확보해 호시탐탐 복수를 노렸다. 이 사실을 확인한 안토니우스는 직접 이들을 진압하고자 했다. 하지만 정작 옥타비우스는 공화정파의 지지 속에 프라이토르직과 원로원 의원 자격을 부여받아 안토니우스를 치기로 결심한다. 결국 브루투스와 옥타비우스의 연합으로 안토니우스는 대패하고 갈리아 지방으로 피신하게 된다.

옥타비우스에게 토지와 돈, 콘술 자리를 약속한 원로원은 정작 그가 안토니우스를 몰아내자 약속을 지키지 않았다. 화가 난 옥타비우스는 군대를 이끌고 로마를 장악했다. 그리고 동료인 페디우스의 이름을 빌린 페디우스법을 제정, 카이사르 암살과에 대한 처벌 및 추방을 결정했다.

　이 시기 옥타비우스는 카이사르의 양자로서 옥타비아누스라는 이름을 얻게 되었다. 옥타비아누스는 로마를 피해 있던 안토니우스, 레피두스와 만나기 위해 북부 이탈리아로 향했고, 기원전 43년 보노니아 지방에서 '2차 삼두회의'를 결의했다. 더불어 옥타비아누스는 안토니우스의 수양딸인 클로디아와 결혼했다. 이로써 안토니우스와 옥타비아누스는 혈연적으로 뭉쳤고, 반대편에 선 공화정파는 큰 위기에 빠지게 된다.

비극을 불러온 만남

2차 삼두회의를 결의한 세 사람은 본격적으로 반대파 숙청에 나섰다. 이들은 카이사르 암살에 찬성한 세력을 정치적으로 와해시키는 동시에 반대파의 재산을 빼앗아 자신들의 군사력을 유지하고자 했다. 결국 키케로를 위시한 반카이사르파는 로마에서는 사라지게 되었고, 남은 일당인 카시우스와 브루투스 또한 바람 앞의 촛불 신세가 되고 말았다.
　그리스 필리피에서 두 번의 전투가 일어났다. 카시우스, 브루투스는 패전과 함께 자결했다. 이제 삼두 정치가는 로마를 지배하는 위치에 오른다. 특히 안토니우스는 필리피 전투의 결과물을 독점하게 되었다. 즉, 그리스 및 소아시아 지역을 차지한 것이다. 이 과정에서 안토니우스는 복위를 노리고 있던 이집트의 여왕 클레오파트라를 만나게 된다. 카이사르와 연인 관계였던 클레오파트라는 연인의 죽음으로 인해 세력이 약해진 상황이었다. 그리고 이제는 카이사르의 부관 출신인 동시에 로마 정계의 실력자가 된 안토니우스와 제휴하여 권토중래를 노리게 된다.

한편, 로마에 있던 옥타비아누스를 견제하고자 안토니우스의 동생인 루키우스 안토니우스와 아내 풀비아가 군사 행동을 전개했으나 패배한다. 얼마 뒤 브룬디시움이라는 곳에서 안토니우스는 옥타비아누스와 조우했고, 양측은 협정을 맺고 군사 행동을 중지한다. 더불어 아내 풀비아와 사별한 안토니우스는 옥타비아누스의 누이인 옥타비아와 재혼한다.

안토니우스는 옥타비아가 있었음에도 동방 지역의 지배권 강화를 위해 클레오파트라와 결혼한다. 옥타비아누스가 다른 정적들을 격파하며 서방 지역의 지배권을 확보하고 있을 때, 안토니우스는 파르티아 원정에서 참패한다. 결국 클레오파트라와의 정치적 동맹을 강화시키고자 안토니우스는 옥타비아와 이혼하게 되는데, 이는 옥타비아누스와의 일전을 불러오는 계기가 되고 만다.

신뢰와 감각을 잃은 자의 최후

악티움에서 옥타비아누스와 안토니우스, 클레오파트라의 연합군이 맞닥뜨린다. 옥타비아누스는 안토니우스가 부재한 로마 정계에서 프로파간다를 유용하게 사용했다. 옥타비아누스는 악티움 해전이 로마의 적인 클레오파트라와의 전쟁이며, 안토니우스가 로마인으로서 로마에 적대적인 행위를 하고 있다고 역설했다. 그리고 실제로 안토니우스는 옥타비아누스보다 노련한 군인이자 정치가였음에도 고개를 갸웃하게 하는 행적을 보여주고 있었다.

옥타비아누스가 맹렬하게 공격한 부분은 안토니우스와 자신의 누이 옥타비아의 이혼 과정이었다. 당시 옥타비아는 전쟁 물자와 병력을 이끌고 클레오파트라와 동거 중인 안토니우스를 만나러 갔다. 남편의 동방 원정을 돕고자 했던 것이다. 그러나 안토니우스는 물자와 병력만 받고 옥타비아를 로마로 돌려보냈다. 안토니우스의 입장에서는 동방 원정의 주요 제휴 세력인 클레오파트라와 그녀를 따르는 세력에 대한 정치적 보증이 필요할 수 있었다. 이집트에 머무르는 것은 동방 원정을 위한 일종의 전략적 선택이었던 것이다.

옥타비아누스는 안토니우스의 전처인 풀비아 소생의 자녀까지 지극정성으로 키운 옥타비아의 비련함을 로마 시민들에게 적극적으로 알렸다. 결과적으로 안토니우스는 군사적 성공을 위해 이집트에 머물렀지만, 도리어 정치가로서의 신뢰도는 점점 떨어지고 있었다. 옥타비아누스는 바로 이점을 적극적으로 파고들었던 것이다.

악티움 해전을 앞두고 안토니우스의 최측근이었던 티티우스와 플랑쿠스가 클레오파트라와의 불편한 관계를 이유로 옥타비아누스 측에 투항해 버렸다, 거기에 더해 옥타비아누스는 안토니우스의 유언장이 로마 광장의 베스타 신전에 있던 것을 떠올리곤 그 내용을 공개해 버렸다. 내용 중 하나는 바로 안토니우스 자신이 로마에서 죽더라도 시신을 클레오파트라에게 보내달라는 것이었다. 시민들은 그가 이집트 여왕의 꾐에 빠져 로마를 배신했다고 확신했다.

악티움 해전에 대한 분석은 학계에서도 분분하다. 다만, 지상전이 장기였던 안토니우스가 자신의 장점을 버리고 클레오파트라의 강권에 따라 해전을 벌였다는 것이 정설로 인정받고 있다. 그러나 그보다 더 중요한 건 안토니우스가 카이사르 사후부터 오랜 기간 유지한 예민한 정치적 감각을 거의 다 잃었다는 점이다. 호민관까지 역임할 정도의 달변, 결정적인 순간마다 자신의 지위를 끌어올린 뛰어난 정치적 감각을 이때 그는 왜 보여주지 못했을까? 많은 역사가들은 그 이유가 클레오파트라의 여성적 매력 때문이라고 말하지만, 그것만이 다는 아닐 것이다. 아마도 무엇보다 안토니우스의 행적을 깎아내릴수록 최종 승자가 된 옥타비아누스의 정치적 감각과 행적이 더 돋보인다는 점이 중요하지 않을까?

프로파일링 보고서

점 하나를 못 찍어 승천하지 못한 이무기

역사의 변곡점에는 항상 영웅이 등장한다. 로마의 카이사르, 안토니우스, 옥타비아누스와 일본의 노부나가, 히데요시, 이에야스는 각각의 시대를 대표하는 영웅들이다. 이들의 관계와 경쟁은 흥미롭게도 유사한 패턴을 보여준다. 혼란의 시대를 종식시키고 새로운 질서를 세우는 과정에서, 이들은 각자의 방식으로 권력을 추구했다. 그 과정에서 드러난 그들의 성격, 전략, 그리고 운명은 후세에 많은 교훈을 남겼다.

특히 주목할 만한 점은 최후의 승자와 패자의 차이다. 옥타비아누스와 이에야스가 최종적으로 승리를 거두었지만, 안토니우스와 히데요시 역시 뛰어난 능력을 가진 영웅으로 평가받는다. 실제로 이들의 재주와 능력은 종종 승자들보다 더 높게 평가되기도 한다. 이는 중국의 항우, 한국의 궁예와 견훤의 사례에서도 유사하게 나타난다. 그렇다면 왜 이토록 뛰어난 인물들이 최후의 승리를 거두지 못했을까?

이 질문에 대한 답은 역사의 흐름과 시대정신에서 찾을 수 있다. 카이사르와 노부나가 같은 개창자들은 카리스마와 혁명적 정신으로 시대를 열었지만, 그다음 단계를 위한 조직적이고 체계적인 접근이 부족했다. 반면 옥타비아누스와 이에야스는 이전 세대의 업적을 바탕으로 더욱 안정적이고 지속 가능한 체제를 구축하는 데 성공했다. 이는 단순한 개인의 능력 차이가 아닌, 시대가 요구하는 리더십의 변화를 반영한 결과라고 볼 수 있다.

역사적으로 볼 때, 개창자 주변에는 항상 뛰어난 이인자가 존재했다. 이들은 개창자를 닮고자 하며, 때로는 그를 넘어서고자 하는 야망을 품고 있었다. 안토니우스와 히데요시가 바로 그러한 인물이었다. 그들은 뛰어난 능력으로 일시적으로 권력의 정점에 오르기도 했지만, 결국 최후의 승리를 거두지는 못했다.

흥미로운 점은 최종적인 승리가 종종 이러한 이인자 그룹의 패러다임을 넘어서는 인물에게 돌아간다는 것이다. 옥타비아누스와 이에야스는 직접적인 카리스마나 군사적 능력보다는 상황을 냉철하게 분석하고 장기적인 전략을 수립하는 능력이 뛰어났다. 그들은

'미네르바의 올빼미'처럼 혼란의 시대가 저물어갈 때 자신의 진가를 발휘했다.

이는 '영웅은 시대가 만든다'는 말의 의미를 잘 보여준다. 시대의 요구에 부응하는 리더십을 갖춘 인물이 결국 최후의 승리자가 되는 것이다. 안토니우스와 히데요시가 가진 뛰어난 능력에도 불구하고 그들이 실패한 이유는, 변화하는 시대의 요구를 정확히 읽어내지 못했기 때문일 것이다.

반면, 역사의 최종 승리자들에게서 공통적으로 발견되는 덕목은 끝없는 인내심과 포용력, 그리고 대세의 흐름을 읽는 능력이다. 옥타비아누스와 이에야스는 단기적인 성과에 연연하지 않고, 장기적인 안목에서 권력 기반을 다졌다. 그들은 적대세력을 무조건 제거하기보다는 포용하고 활용하는 전략을 택했다.

또한 그들은 시대의 변화를 민감하게 감지하고 그에 맞춰 자신의 전략을 조정했다. 로마가 공화정에서 제정으로 넘어가는 과도기, 일본이 전국시대에서 에도 막부로 이행하는 시기에 그들은 새로운 질서의 수립자로 자리매김할 수 있었다.

결국 역사의 승리자가 되기 위해서는 단순한 개인의 능력을 넘어서는 무언가가 필요하다. 그것은 바로 시대정신을 정확히 읽고, 그에 부응하는 새로운 패러다임을 제시할 수 있는 능력이다. 이는 현대의 리더들에게도 여전히 유효한 교훈일 것이다.

한편, 로마 역사의 전환점인 공화정에서 제정으로의 이행은 줄리우스 카이사르로부터 시작되었다. 그러나 카이사르는 단지 시작에 불과했고, 그의 암살 이후 로마는 새로운 권력 투쟁의 소용돌이에 휩싸였다. 이 격동의 시기에 여러 군웅들이 등장했지만, 그중에서도 가장 두각을 나타낸 인물이 바로 안토니우스였다. 안토니우스는 승리를 위한 모든 조건을 갖춘 듯 보였다. 평민 출신 귀족으로서 원로원에 대항하는 민중파의 상징적 인물로 성장했고, 뛰어난 군사적 재능을 바탕으로 정계에 진출하여 카이사르의 신임을 얻었기 때문이다.

안토니우스는 카이사르의 부관으로서 루비콘강을 건너는 역사적 순간을 함께했고, 카이사르가 암살된 뒤에는 그의 유산을 이용해 권력의 정점에 올랐다. 그러나 이러한 권력 획득 과정에서 안토니우스는 의도치 않게 자신의 최대 경쟁자가 될 옥타비아누스를 정치 무대에 등장시키는 결과를 낳았다. 당시 로마는 삼두정치 체제하에 있었고, 카이사르파가 우위를 점하고 있었지만 반카이사르파인 원로원 세력도 여전히 기회를 노리고 있었다. 이러한 복잡한 정치 상황은 로마를 매우 불안정하고 위험한 상태로 만들었다.

이 시기 동안 옥타비아누스는 서방에서 조용히 그러나 착실하게 자신의 세력을 확장해 나갔다. 반면 안토니우스는 그리스로 도망간 반카이사르파를 제압하고 클레오파트라의 이집트를 장악하여 동방에 대한 지배권을 확보했다. 이제 로마 제국의 미래를 결정할 두 거인의 충돌은 불가피해졌고, 이는 결국 안토니우스의 패배로 이어졌다. 이로써 옥타비아누스는 로마의 유일한 지배자로 남게 되었고, 이는 로마 제정 시대의 시작을 알리는 결정적인 순간이 되었다.

그는 왜 패배했을까. 자만이었을까? 글쎄, 안토니우스의 패배는 단순히 자만의 결과로만 치부하기에는 복잡한 양상을 띠고 있다. 그의 생애를 살펴보면, 귀족 출신으로 순탄한 군사 경력을 쌓았다는 점이 눈에 띈다. 하지만 이러한 성공이 온전히 그의 능력만으로 이루어졌는지에 대해서는 의문이 제기될 수밖에 없다. 카이사르의 후원 아래 이룬 군사적 성과는 어쩌면 안토니우스 개인의 업적이라기보다는 카이사르의 유산일 가능성이 크기 때문이다.

게다가 카이사르는 자신의 유언을 통해 안토니우스가 아닌 옥타비아누스를 후계자로 지명했다. 이는 카이사르가 안토니우스의 한계를 간파했을 가능성을 시사한다. 다시 말해, 카이사르는 안토니우스가 지도자로서 자질보다는 참모 수준의 능력을 갖추었다고 판단했을 가능성이 높다는 이야기이다.

그렇다면 혹시 그의 전투 능력이 빈약했기 때문은 아닐까? 하지만 역사는 군사적 재능이 반드시 최종적인 승리로 이어지지 않는다는 점을 여러 차례 보여주었다. 옥타비아누스의 사례가 대표적이다. 그는 군사적 재능이 부족했음에도 불구하고, 로마의 지배자가 되었다. 이는 전략적 사고와 정치적 수완이 때로는 순수한 군사적 능력보다 중요할 수 있음을 시사한다.

이러한 관점에서 볼 때, 안토니우스의 패배는 그의 군사적 재능

부족이 아닌 지도자로서 자질 부족, 나아가 더 큰 그림을 보지 못하고 이전의 성공에 안주한 결과로 해석될 수 있다. 반면 옥타비아누스는 다양한 전문가의 조언을 수용하며 결정적인 순간을 준비했고, 이것이 그의 승리로 이어졌을 가능성이 크다.

역사에는 안토니우스처럼 뛰어난 배경과 능력을 가진 인물들이 많이 존재한다. 그러나 이들 중 상당수가 결국 패배자로 기록된다. 이유가 무엇일까? 이는 단순히 개인의 능력만으로는 설명되지 않는 역사의 필연성, 즉 시대가 요구하는 리더십과의 부합 여부가 중요한 요인으로 작용했을 것이다.

결국 역사에서 진정한 승리자는 모든 것을 갖춘 완벽한 인물이 아니라, 시대의 요구에 부응하고 자신의 한계를 인지하며 이를 극복하려 노력하는 절실한 인물일 가능성이 크다. 이러한 관점에서 볼 때 안토니우스의 패배와 옥타비아누스의 승리는 단순한 우연이 아닌, 역사의 필연적 결과로 해석될 수 있을 것이다. 어쩌면 역사에서 다 가진 자가 무언가를 이루는 것보다 역사의 흐름에 따라 절실한 자가 과업을 이루는 것이 바로 역사의 본질이 아닐까?

괴인으로만
치부할 수 없는 학살자,
아돌프 히틀러

아돌프 히틀러(1889-1945)는 20세기 인류의 역사에서 반드시 기억될 수밖에 없는 인물이다. 그는 역사상 가장 많은 희생자와 피해를 낳은 제2차 세계대전의 직접적 주동자이며, 유대인을 비롯한 수많은 사람을 학살하여 일명 '홀로코스트'라는 용어를 탄생시킨 극악한 인물이었다. 더불어 그는 수려한 웅변술로 독일인을 휘어잡아 변질된 대중 민주주의의 결과물을 직접 보여준 인물이며, 극히 일부 사건을 제외하고는 오로지 법의 테두리에 따라 권력을 장악한 정치가이기도 했다.

히틀러는 '나쁜' 정치인이었다. 하지만 그를 그저 '제2차 세계대전의 원흉'이라고만 보아서는 온전한 교훈을 얻을 수 없다. 히틀러만을 악마화해 그의 '동조자'들을 주목하지 못한다면, 우리는 제2 혹은 제3의 히틀러를 만나는 것은 물론 우리 스스로 '히틀러의 재림'을 이끌어낼 수도 있기 때문이다.

그렇다면 당시 독일에서 히틀러 집권이 가능했던 이유와 배경은 무엇일까? 히틀러의 집권 과정과 실상은 비단 독일만이 보여준 모습이었을까? 이 글에서는 히틀러 집권의 맥락과 과정을 중심으로 당대 독일 사회의 단면을 집중 조명하고자 한다. 앞서 이야기한 것처럼 '또 다른 히틀러'는 대중 민주주의 사회를 살고 있는 우리에게 언제든 출현할 수 있기 때문이다.

시대가 만든 비극, 나치즘

연구자마다 견해 차이는 있지만, 나치즘의 이념적 토대로는 민족주의, 범게르만주의, 반유대주의, 원(原)민중주의, 반마르크스주의, 반자유주의 등이 손꼽힌다. 이러한 사상은 이미 당시 여러 국가에 존재했지만, 특히 독일에서 강력한 영향력을 발휘했다. 그 이유는 제1차 세계대전의 패배와 그로 인한 혁명의 발발이라는 독일이 처한 특수한 역사적 상황 때문이었다.

히틀러는 오스트리아 출신으로 제1차 세계대전 당시 독일 제국군으로 복무했다. 이때의 경험은 그의 민족주의적, 인종주의적 사상 형성에 큰 영향을 미쳤다. 오스트리아를 비롯한 동맹국 패배의 주요 원인 중 하나가 바로 '다민족 구성'이라고 여긴 것이다. 그는 혈통적, 문화적 단일성이 국가의 힘이라고 믿었고, 이는 훗날 나치즘의 핵심 이데올로기가 된다.

히틀러는 지적인 통찰보다는 정열적인 감정, 원한 등에 기반을 둔 세계관이 민족 개념과 감정을 고조시킬 수 있다고 판단했다. 이러한 접근은 복잡한 사회 문제를 단순화하고, '민족의 적'이라는 개념을 만들어내는 데 효과적이었다. 이러한 사고관을 바탕 삼아 그는 훗날 마르크스주의자와 유대인을 모두 '민족 통합의 방해 세력'으로 규정하게 된다.

1919년 9월, 마침내 나치당에 입당한 히틀러는 이듬해부터 '돌격대'를 조직했다. 이는 민족주의 자유군단과 투쟁 단체 소속 퇴역 장교들의 조력을 바탕으로 조직된 집단이었다. 히틀러는 이들에게 새로운 목적과 활력을 제공했다. 준군사조직이자 나치당의 행동대원 역할을 이들에게 맡긴 것이다. 돌격대는 얼마 안 가 가장 강력한 극우 투쟁 조직으로 성장했고, 1923년경에는 약 3,000명의 대원을 보유한 대규모 집단으로 자라나게 된다.

나치 돌격대의 구성원은 고등학생, 대학생, 실직 상태의 젊은

퇴역 군인, 자유군단 투사 등 사회경제적으로 불안정한 상태의 젊은이들이 주를 이뤘다. 이들은 자신들의 불안정한 상황의 원인을 외부에서 찾았다. 더불어 나치당의 구호에 열광하는 동시에 '민족'이라는 공통점으로 현실 문제를 해결하고자 한다는 특징을 가지고 있기도 했다.

대의 민주주의를 끝장낸 '대의 민주주의'의 승자

히틀러는 이러한 대중운동의 에너지를 자신의 정치적 입지 강화에 철저히 활용했다. 다시 말해, 대중의 감정과 정서를 자신의 정치적 목적에 맞게 조종한 것이다. 특히 그는 연설의 중요성을 깨달은 정치가였다. 말하는 템포와 높낮이를 자유자재로 구사하는 것은 물론, 강약 전환과 함께 청중의 분위기를 북돋는 기술이 누구보다 탁월했다.

히틀러의 연설 능력은 나치당 내에서 그의 위상을 높이는 데 크게 기여했다. 1919년부터 1920년까지 열린 46회의 나치당 집회 중 히틀러가 직접 연설한 횟수가 31회에 이른다는 사실은 그 당시 그가 대중에게 미친 영향력을 잘 보여준다. 이러한 노력의 결과, 대공황 시기인 1930년 전후로 나치당의 당원 수가 폭발적으로 증가했다. 심지어 이들은 자신의 '적'이라 규정된 이들에게 정치적 폭력을 가하는 일도 서슴지 않았다. 히틀러의 카리스마와 선동적 연설은 혼란한 시기에 대중들에게 강력한 호소력을 지녔던 것이다.

히틀러는 비판과 포섭의 대상을 이내 빠르게 확장했다. 주된 공격의 대상은 바이마르 체제와 마르크스주의 정당이었다. 그는 바이마르 공화국은 독일을 착취하려는 서방 세력의 허수아비 사기꾼들이며, 마르크스주의 정당은 독일 민족공동체의 번영에 무관심한 집단이라며 이들을 싸잡아 비난했다. 반대로 부르주아, 농민, 실직한 노동자, 크리스트교 신자 등 다양한 계층과 집단은 포섭 대상으로 삼았다. 정교한 이론을 설명하기보다는 그들이 듣고 싶어 하는 이야기를 함으로써 자신들의 소망이 히틀러를 통해 이루어지리라는 착각을 지속 주입하며 말이다.

제국의회 선거	사회주의 정당	나치당	중앙당	부르주아 정당
1928. 5. 20.	40.5%	2.6%	15.1%	41.8%
1930. 9. 14.	37.6%	18.3%	14.8%	29.3%
1932. 7. 3 1.	32.6%	37.3%	15.7%	10.7%

이러한 그의 전략은 선거 승리를 통해 빛을 발했다. 이 시기 이루어진 몇 차례의 총선거 결과를 보면, 나치당의 약진과 부르

주아 정당의 위축이 가장 눈에 띈다. 1928년만 해도 사회주의 정당과 비슷한 점유율을 가졌던 부르주아 정당은 두 번의 총선거를 거치며 급격히 그 세가 줄어들었다. 이는 나치당의 성장과 밀접한 관련을 가진다. 다시 말해 이 기간동안 바이마르 공화국 내 우파 세력들에게 나치당이 확실한 대안으로 자리매김하게 되었다는 이야기이다.

그리고 1933년 3월 5월, 나치당은 43.9%의 득표율을 기록하며 마침내 독일 내 제1당이 되었다. 히틀러는 보다 과감하게 권력을 장악하기 시작했다. 돌격대와 친위대는 독일 각 주에서 허용된 보조 경찰의 권한을 이용해 신문사와 노동조합 사무실, 세무서, 법원 등을 점거했고, 유대인 및 당에 비협조적인 사람들을 체포해 나갔다. 나치당은 이제 민족주의적 열정을 과시하거나 역설하는 정치 단체를 넘어 실제 국가 권력으로 변화했다. 당의 구호는 곧 나라의 정책이며, 권력이었다.

나아가 1933년 3월 23일, 제국의회는 수권법을 통과시켰다. '인민과 제국의 난제들을 타개하기 위한 법적 조치를 취한 독자적인 권한을 제국 정부에 부여하는' 이 법의 기한은 비록 4년이었지만, 그 기한을 준수할 수 있는 권력은 독일에 남아있지 않았다. 실제로 수권법은 1937년과 1939년 두 차례에 걸쳐 기한 연장이 이루어졌고, 1943년 5월 10일에는 지도자 명령에 의거해 무기한 연장되었다. 히틀러는 대의 민주주의에 의해 권력을 장악했지만, 결코 대의 민주주의로 임기를 마칠 생각이 없었던 것이다.

경제가 필요했으나, 경제를 모른 지도자들

히틀러는 권력을 장악하는 데 성공했지만, 대중운동을 통해 집권한 만큼 그 지지를 유지해야 하는 문제를 함께 떠안게 되었다. 돌이켜보면 그는 사회주의 정당에 대한 부르주아 및 우파 세력의 불신과 불안을 이용해 권력을 장악할 수 있었다. 그리고 이제는 그에 상응하는 경제적 안정을 이들에게 제공할 필요가 있었다.

1933년 6월 1일, 히틀러는 독일 내 선도적인 기업가들과의 협의를 통해 이른바 '라인하르트 계획'을 발표했다. 총 10억 마르크의 고용 채권을 발행하여 공공 및 민간 건설을 지원하고, 국내산 기계나 공구를 구입하는 경우 조세를 감면해주는 혜택을 골자로 하는 것이었다. 당초 이 계획은 생산을 위한 투자 환경을 조성하는 것보다는 실업자 수를 감소시키는데 방점이 찍혀 있었다. 하지만 이에 대한 기업가들의 우려가 이어지자, 그는 정책의 방향을 군수 산업과 자급적 경제정책을 강화하는 쪽으로 급선회하게 된다.

앞서 정책을 전환한 데에서 볼 수 있듯, 히틀러는 당시 독일 경제 부흥의 키를 쥔 대기업에 상당히 우호적인 태도를 보였다. 이러한 태도는 1933년 5월 31일 그가 발표한 명령서에도 잘 드러난다. 그는 '경제적 재건 작업이 방해받지 않도록' 하기 위해 '벌써 지난 일이 된 사건에 대해 해당 경제인에게 책임을 지우려는 병적인 집착을 버려야 한다'고 강조했다. 그리고 나아가 '지도적인 경제계 인사들을 법정에 세우려는 시도의 배후에는 정의에 대한 요구가 아니라 종종 사적인 감정, 심지어 복수심이나 이기적인 목적'이 숨어있음을 지적하며 이로 인해 '경제 지도자들이 법의 보호를 받지 못한다는 느낌을 갖게 되었고, 이것이 기업에 대한 경제인의 책임감을 마비시키고 있다'고 피력했다.

물론 그렇다고 히틀러가 기업의 눈치만 보았던 건 아니다. 한편으로 히틀러는 기업의 공업 생산에 대한 조종 기능을 강화하고, 기업가 단체를 규제할 방법을 모색했다. 1934년 2월 27일, 제국경제부장관에게 경제 단체 전체를 재편할 수 있도록 하는 권한을 부여하고, 카르텔과 독점 기업을 정부 정책에 결부시키도록 한 것이 대표적인 예이다. 그는 자신의 구상을 실현하기 위해 군수 분야를 우선 손에 쥐었다. 더불어 석탄 및 화학 분야는 자신들의 카르텔과 독점 기업이 많은 이익을 취할 수 있는 구조를 마련했다. 군수공업과 자급적 경제정책에 제외되는 분야의 기업가, 특히 소비재 산업 분야는 나치의 할당제와 허가제를 따라야 했다.

반발도 없지 않았다. 제2차 세계대전 발발을 전후한 1939년경 나치당의 경제정책을 총괄하고 있던 얄마르 샤흐트가 돌연 제국은행 총재직을 사임한 것이다. 당시 히틀러는 완전 고용을 달성하기 위해 고용 채권 발행을 끝없이 이어나가고 있었다. 물론 그 배경은 자신과 나치당 정권에 대한 대중의 지지를 유지하기 위함이었다. 샤흐트는 채권 발행이 이어질 경우 발생할 수밖에 없는 인플레이션을 우려했다. 결국 히틀러는 자신의 말을 듣지 않는 샤흐트 대신, 헤르만 괴링을 새롭게 만든 경제 총괄 기구인 4개년계획청의 책임자로 임명한다. 나치의 새로운 경제 수장이 된 괴링은 샤흐트와 달리 히틀러의 충직한 수하였고, 지도자의 목표를 달성하는 데에만 관심이 있었다. 나치당은 대중 동원에 있어서는 전문가였을지 모르나, 경제나 생산 구조를 이해하는 역량은 부족했다. 당연히 이는 히틀러도 마찬가지였다.

그리고 얼마 뒤, 제2차 세계대전이 시작되었다. 나치 독일은 영국과 소련, 일부 중립국을 제외한 유럽 대부분의 국가를 점령했다. 이 지역들은 대부분 독일의 전시 경제 체제로 편입되었다. 다시 말해, 끊임없는 자원 수탈과 효율적 생산을 위시한 강압이 유럽 전 지역에서 이루어졌다는 말이다. 점령지 곳곳에서 비독일인의 강제 동원이 일상화되고, 이들에 대한 강제 노동은 곧 수용소의 필요성과 연결되었다. 수용소에서 임금 없는 무자비한 노동이 가해졌고, 노동력의 가치가 사라진 사람들은 그렇게 무수히 죽어갔다.

히틀러, 그리고 나치즘이 남긴 교훈

히틀러의 부상과 나치 정권의 범죄는 단순히 한 개인의 책임으로 볼 수 없다. 이는 궁극적으로 당시 독일 사회의 여러 집단이 정치 '선동가' 히틀러를 추종해 일어난 결과였기 때문이다. 많은 독일인이 히틀러의 극단적인 정책을 지지하거나 묵인했고, 결국 학살과 패망이라는 씻을 수 없는 상처와 책임만 남겼다.

 이 역사적 사건은 정치 지도자의 선택뿐만 아니라, 그를 지지하는 대중의 책임도 중요하다는 것을 보여준다. 또한 히틀러의 부상과 몰락은 복잡한 사회 문제에 대한 단순하고 극단적인 해결책이 얼마나 위험할 수 있는지를 경고하는 메시지이기도, 민주주의 체제를 지키기 위해 시민들의 지속적인 관심과 참여가 얼마나 중요한지를 보여주는 귀중한 사례이기도 하다.

 결론적으로, 히틀러와 나치즘의 역사는 우리에게 중요한 교훈을 남긴다. 사회의 복잡한 문제들에 대해 단순한 해답을 제시하는 정치인들을 경계해야 하며, 민주주의의 가치를 지키기 위해 모두가 끊임없이 노력해야 한다는 교훈 말이다. 분명 이는 오늘날을 살아가는 우리에게도 여전히 유효한 메시지일 것이다.

프로파일링 보고서

불황기의 루저,
인간의 악마적 본성을 각성시키다

히틀러만큼 분석하기에 단순하지만, 논쟁을 달고 다니는 역사적 인물은 거의 없다. 그래서 음모론자들은 그가 여성이었다거나 여성 유전자를 가졌다는 맹랑한 주장을 펼치기도 한다. 물론 이는 말 그대로 '음모론'에 불과하지만 말이다. 다만, 그가 결벽증이 있었으며 유분증을 가졌을 가능성이 있다는 사실만큼은 널리 알려져 있다. 그밖에 특별하다고 할 수 있는 점은 그가 탁월한 연설가였다는 것뿐이다. 그는 1900년대 초반 독일과 오스트리아 사회에서 흔히 볼 수 있는 사람이었다. 그래서 히틀러라는 역사적 인물은 더욱 두렵고 논쟁적이다.

히틀러는 사생아지만 성실한 세무공무원이었던 아버지 덕에 딱히 궁핍하지 않은 어린 시절을 보냈고, 청년기에도 굳이 직업에 연연할 이유가 없었다. 화가가 꿈이었지만 그림 실력은 부족했고, 공부에도 소질이 없었다. 채식주의자였고, 술이나 담배, 여자에 빠지지 않았다는 점에 비추어볼 때, 그는 감각에 의존하는 탐닉적인 성격은 아니었던 것으로 보인다. 대신 낮은 사회성으로 인해 체제에 대한 혐오와 증오감을 보였으며, 급한 성격을 가져 타인에게 위협이 될 만한 수준의 감정의 기복이 있었다. 더불어 누적된 실패로 인한 열등감도 함께 가지고 있었다.

누군가는 이를 보고 '사이코패스 아냐?'라고 생각할지도 모른다. 하지만 이러한 모습은 대공황이나 경제 불황기의 20대 초반 성인에게서 자주 나타나는 일반적 특징에 불과하다. 다시 말해 그는 불만 많고, 타인과 잘 어울리지 못하며, 심한 감정 기복으로 인해 갈등을 달고 다니는 열등감 많은 불황기의 루저였던 것이다.

그렇다면 이처럼 '별 볼 일 없던' 그는 어쩌다 그런 엄청난 악마적 존재가 되었을까? 그의 각성 계기는 전문가들을 통해 통상 몇 가지가 제기되지만, 그중 공통적으로 지적되는 것이 하나 있다. 바로 제1차 세계대전 참전 당시의 군대 생활이다. 전쟁은 히틀러에게 단순히 전투 경험만 준 것이 아니라, 그의 세계관과 인생관을 근본적으로 바꾸어 놓았다. '참호의 사회주의'라 불리는 전선에서의 공동생활은 그에게 새로운 조직관을 심어주었고, 이는 훗날 나치당의 군대식 조직 구조로 발전하게 된다.

전쟁은 히틀러의 내면에도 깊이 영향을 미쳤다. 감성적으로 메마르고 무능했던 자신의 모습을 전선 생활 속에서 숨길 수 있었던 경험은, 역설적으로 그를 더욱 극단적인 사상으로 이끌었다. 사회에 대한 배타성, 잦은 감정 기복, 타인과의 갈등 등은 그의 낮은 사회성과 맞물려 극단주의로 발전했다. 이러한 성향은 당시 독일 사회의 불만 세력들에게 히틀러를 일종의 '돌격 행동대장'으로 인식하게 만들었고 이는 그가 정치적으로 부상하는 발판이 되었다.

히틀러의 열등감과 루저로서 정체성은 역설적으로 나치 동료들에게 높은 친근감을 불러일으켰다. 그의 배경과 성향이 당시 독일 사회의 불만을 가진 계층과 맞아떨어졌기 때문이다. 여기에 그의 뛰어난 연설 능력이 더해져, 히틀러는 극단주의 세력 내에서 영웅적인 존재로 부상하게 된다. 그의 일반 병사 수준의 감성과 단순성은 오히려 대중과의 소통을 용이하게 만드는 요소로 작용했다.

히틀러의 개인적 변화는 나치즘이라는 집단적 현상으로 확대되었다. 그는 더 이상 개인이 아닌, 나치라는 거대한 이데올로기의 상징이 되었다. 이 과정에서 히틀러의 개인적 특성과 나치즘의 이념이 결합하여, 더욱 강력하고 위험한 형태의 극단주의가 탄생하게 된다.

그리고 아이러니하게도, 그런 나치를 집권당으로 만든 것은 민주적인 독일의 헌법 체계였다. 바이마르 공화국의 민주주의 제도는 극단주의 정당인 나치당이 합법적으로 권력을 잡을 수 있는 길을 열어주었다. 경제 위기와 사회적 불안정 속에서, 많은 독일인이 히틀러와 나치당의 극단적인 메시지에 호응했다. 이는 민주주의 사회에서도 극단주의가 어떻게 대중의 지지를 얻을 수 있는지를 보여주는 중요한 역사적 교훈이 되기도 한다.

많은 이들이 히틀러를 그저 '악마적' 인물로 간주하곤 한다. 그러나 이는 역사의 복잡성을 지나치게 단순화하는 시각일 수 있다. 히틀러는 당시 독일 사회가 만들어낸 '괴물'에 가깝다. 이는 그의 범죄를 정당화하는 것이 아니라, 그의 등장과 권력 획득 과정을 더 깊이 이해하려는 시도이다. 히틀러와 나치즘은 당시 독일 사회의 복잡한 역사적, 사회적 맥락 속에서 탄생했다.

히틀러와 나치당이 저지른 반인류적 범죄는 전례 없는 규모와 조직성을 띠고 있다. 국가 차원에서 자행된 조직적인 대학살은 역사상 거의 처음 있는 일이었다. 더욱 충격적인 것은 국가의 거의 모든 구성요소가 이에 관여했다는 점이다. 이는 단순히 한 개인이나 소수 집단의 악행이 아닌, 사회 전체가 어떻게 극단적인 이데올로기에 빠질 수 있는지를 보여주는 예시이다.

나치즘의 등장은 인간 본성의 어두운 면을 자극하고 이용하는 권력 획득의 메커니즘을 드러낸다. 히틀러와 나치당은 사회의 불만과 두려움, 그리고 극단적 민족주의를 교묘히 이용해 권력을 잡았다. 이는 오늘날 우리 사회에도 중요한 교훈을 준다. 극단주의와 혐오의 정치가 어떻게 사회를 파괴할 수 있는지, 그리고 이를 막기 위해 우리가 어떤 노력을 해야 하는지 깊이 고민해보아야 할 시점이기 때문이다.

제2장

최악의 군주

로마를 지배했지만 시민으로 불린, 아우구스투스

로마 시기, 혈통은 곧 권력이었다. 이런 점에서 카이사르의 양자였던 아우구스투스는 특별한 위치에 있었다. 그의 혈통은 단순한 가계가 아닌, 정치적 자산이었다. 그가 19세라는 젊은 나이에 원로원에 콘술직을 요구할 수 있었던 것은 이러한 혈통의 힘을 잘 보여주는 예다.

이 시기 여러 영웅이 흥망성쇠를 거듭했고, 최후의 승자는 아우구스투스였다. 대체 그는 어떤 능력을 가졌기에 카이사르와 달리 천수를 누리면서 제정을 확립했던 것일까? 그리고 '제

1시민'이라는 뜻의 프린켑스princeps 시절은 왜 공화정 시기만큼 주목을 받지 못했던 것일까? 이 글에서는 아우구스투스의 프린켑스 시절을 좀 더 집중해 살펴보고자 한다. 군인으로서의 뛰어난 능력이 정치 분야에서도 만개했을까, 아니면 퇴화했을까?

'실세' 아우구스투스의 권력 강화 전략

악티움 해전 이후 옥타비아누스, 즉 아우구스투스는 로마의 유일한 실세로 부상했다. 그는 공화정 재건이라는 명분을 내세우며 자신의 권력을 공고히 하는 교묘한 전략을 펼쳤다. 이는 한 세기 동안 지속된 두 번의 삼두정치와 끊임없는 내전으로 인해 약화 된 국력을 회복해야 한다는 시대적 요구와 맞물렸다. 아우구스투스는 이러한 상황을 자신의 권력 강화에 적절히 활용했다.

권력 강화를 위한 아우구스투스의 첫 번째 전략은 원로원에 대한 통제였다. 그는 콘술직을 연임하며 정치적 입지를 유지하는 한편, 켄소르의 권한을 이용해 원로원 의원 명부를 여러 차례 정리했다. 이를 통해 그는 원로원의 의원 수를 1,000명에서 600명 수준으로 대폭 줄였는데, 이는 자신에게 반대하는 세력을 제거하는 효과적인 방법이었다. 이러한 조치는 겉으로는 원로원의 권위를 인정하는 듯 보이지만, 실제로는 자신의 권력에 대한 견제를 최소화하는 전략이었다.

아우구스투스의 두 번째 핵심 전략은 군사력에 대한 장악이었다. 그는 군권이 자신의 생명과 정치력의 근간이라고 인식했다. 이에 따라 군단의 수는 60개에서 25개로 줄였지만, 남은 군단의 복무 기간과 재원은 오히려 늘렸다. 특히 군사금고를 창설하여 군대 유지에 필요한 독자적인 재원을 확보했다. 이는 재정 지출을 줄이는 동시에 자신의 권력 기반을 강화하는 이중적 효과를 가져왔다.

아우구스투스는 군사금고의 관리를 원칙적으로 원로원에 맡겼지만, 주요 속주를 방어하는 군단은 직접 관리했다. 그는 로마공화정 시대의 로마군 최고 사령관을 일컫는 '임페라토르' 칭호를 유지하면서 이러한 권한을 행사했는데, 이는 공화정의 외형을 유지하면서도 실질적인 군사권을 장악하는 교묘한 방법이었다.

특히 주목할 만한 점은 아우구스투스가 관리한 속주들이 주로 '말썽부리는' 지역이었다는 것이다. 이러한 선택은 그의 정치적 통찰력을 잘 보여준다. 이 지역들은 항상 군사적 개입이 필요했기 때문에, 아우구스투스는 이를 통해 상시적으로 군대를 유지할 수 있는 명분을 얻었다.

이러한 전략은 아우구스투스가 양부 카이사르의 암살 사건에서 얻은 교훈을 철저히 적용한 결과로 볼 수 있다. 그는 군사 금고를 통해 군단 유지에 따른 재정 부담을 세금으로 대체하면서도, 동시에 언제든 반란을 진압할 수 있는 상비군 성격의 군단을 유지했다. 이는 공화정의 형식은 유지하면서도 실질적인 권력을 자신에게 집중시키는 교묘한 방식이었다.

평민의 지지를 얻은 '조국의 아버지'

이제 아우구스투스의 정치적 목표가 보다 명확해졌다. 그는 원로원의 한계를 인식하고, 로마의 도시 평민들에게 주목했다. 원로원은 여전히 로마 정계의 중심 구조였지만, 아우구스투스는 그들과 다른 시각을 가지고 있었다. 그는 오랫동안 소외되었던 로마의 도시 평민들의 지지를 얻기 위해 다양한 정책을 시행했다. 재미있는 사실은 이 정책들이 사후 아우구스투스의 통치를 비판하는 주요 근거로 작용한다는 점이다. 도대체 어떤 정책들을 시행했기에 당대와 사후 평가가 갈리는 것일까?

아우구스투스는 동전의 제작부터 공공건물의 건축에 이르기까지 다양한 방법을 통해 자신을 평민들의 관대하고 지혜로운 보호자로 이미지화했다. 이러한 전략은 귀족적 이미지가 강한 원로원과 대비되는 효과를 창출했다. 그는 이 시기 자신의 재산으로 로마 도심에 거대한 포룸을 건설했는데, 이 포룸의 중심부에 로마의 군신인 마르스와 사랑의 여신인 베누스를 세우고 양부인 카이사르의 칼을 전시했다. 이를 통해 로마의 과거와 현재를 기념하는 공간인 포룸의 설계자가 자신임을 평민들에게 각인시켰다.

또한 '레스 게스타이'라 불리는 자신의 행적을 담은 문서를 남겼다. 이 문서의 특징은 로마의 지도자로서 자신의 업적을 일인칭 시점에서 작성했다는 것이다. 그는 자신이 내전 가운데 주어진 모든 권력을 마다하고 '제1시민'으로 살아가고 있으며, 포룸 등 로마를 위한 공공건물 축조에 개인 재산을 아낌없이 출연했다고 강조했다. 이는 그가 추구한 이미지, 즉 권력을 추구하지 않는 겸손한 지도자상을 강화하는 데 기여했다.

이러한 전략을 통해 아우구스투스는 공화정의 한계를 극복하고 '조국의 아버지'로서의 제정을 안착시켰다. 그의 이미지는 엄격하면서도 배려하는 보호자상으로 발전했으며, 이는 법적, 제도적 권위가 아닌 도덕적, 사상적 정당성에 기반한 새로운 통치 형태의 확립을 의미했다.

아우구스투스가 '조국의 아버지 Pater Patriae'로서 펼친 정책들은 로마 평민들을 '자식'으로 여기는 광범위한 의도에서 비롯되었다고 볼 수 있다. 이는 그나 단순한 통치자를 넘어 국가의 보호자이자 양육자로서 역할을 자처한 것으로 해석된다.

특히 주목할 만한 점은 아우구스투스가 로마시의 도시 정비에 착수했다는 것이다. 당시 로마는 인구 100만 명을 돌파한 거대 도시였다. 귀족들은 호화로운 단독 주택에 거주하는 반면, 대다수 평민은 '섬들 insulae'이라 불리는 소규모 다층 건물에 밀집해 살았다. 이러한 인구 밀집은 필연적으로 상하수도 문제와 위생 문제가 야기됐고, 이는 도시의 지속 가능한 발전을 위협하는 요소가 되었다. 아우구스투스는 이러한 문제를 해결하기 위해 로마를 14개 지역, 265개 동으로 체계적으로 구획했다. 그리고 상하수도 문제를 개선하고 전염병의 창궐을 방지하기 위한 도시 인프라의 근본적인 개선을 진행했다.

아우구스투스의 정책은 도시 정비에 그치지 않고 민생 안정을 위한 직접적인 지원으로 이어졌다. 그는 개인 재산을 투입해 속주의 곡식을 구매하고 이를 로마 평민들에게 배분하는 대규모 식량 지원 정책을 실시했다. 이 배급 제도의 수혜자는 약 25만 명에 달했다고 전해지는데, 이들이 대부분 가장이었다는 점을 고려하면 로마시 인구의 약 70%가 이 정책의 혜택을 받았다고 추정할 수 있다.

이러한 경제적 지원과 더불어, 아우구스투스는 도덕적 개혁에도 주력했다. 그는 3명 이상의 자녀를 둔 부모에게 법적 혜택을 부여하는 등 출산 장려 정책을 펼쳤고, 간통을 중범죄로 규정하여 엄격히 처벌했다. 그는 이러한 도덕적 기준을 자신의 가족에게도 엄격히 적용했다. 그의 친딸과 손녀딸이 간통 스캔들에 연루되었을 때, 그는 주저 없이 이들을 추방시켰다. 이는 '제1시민'으로서의 도덕적 권위를 자신의 통치에 적극적으로 활용하고자 했던 아우구스투스의 정치적 전략을 잘 보여주는 사례이다.

조국의 아버지가 꾼 '다른 꿈'

아우구스투스는 '조국의 아버지'라는 구호를 통해 자신의 통치를 정당화하고자 했다. 이는 단순한 법적, 제도적 권력이 아닌 공화정의 수호자로서 이미지를 구축하려는 노력이었다. 그는 로마 전역에 자신의 조각상을 세웠는데, 이는 고전 그리스 양식이나 알렉산드로스 대왕의 조각상을 연상시키는 방식으로 제작되었다. 이러한 전략은 로마의 문화적 뿌리가 그리스에 있다는 점과 알렉산드로스 대왕이 대제국의 건설자이자 동서양을 통합한 위인으로 기억된다는 점을 교묘하게 활용한 것이었다.

아우구스투스의 이러한 노력은 그를 관대하고 포용적인 지도자로 형상화하는 데 성공했다. 상징 권력의 특성상 직접적인 지배-피지배 관계를 형성하지 않기 때문에, 미시적 관점에서 볼 때 이러한 접근은 매우 효과적이었다고 평가할 수 있다. 그러나 상징 권력이 지속되기 위해서는 물질적 토대가 필요했고, 아우구스투스는 이를 위해 프린켑스 시절 자신의 재산을 아끼지 않고 공공사업에 투자했다.

하지만 아우구스투스의 통치 전략은 단순히 상징적인 측면에만 국한되지 않았다. 그는 '임페라토르' 칭호를 유지하기 위해 때로는 무자비한 면모도 보였다. 공화정 시대의 비상 상황에서만 사용되던 임시직 칭호였던 임페라토르를 상설화한 것도 아우구스투스였다. 이는 공화정의 체계를 유지하는 듯한 외양을 보이면서도, 실질적으로는 권력을 독점하려는 그의 의도를 보여주는 예라고 할 수 있다.

아우구스투스는 자신의 권력 기반을 공고히 하기 위해 다양한 전략을 구사했다. 그는 로마의 안정을 위해 군단 규모를 축소했지만, 동시에 제대 군인들의 생계를 보장해야 하는 과제에 직면했다. 이를 해결하기 위해 그는 프린켑스라는 지위를 활용하여 군사금고를 관리하고, 제대 군인들에게 토지를 분배했다.

그러나 이 과정에서 아우구스투스는 새로 정복한 땅이 아닌 기존 로마인들의 토지를 압수하여 분배했다. 이는 군대 내에서 그에 대한 독자적인 충성심을 확보하는 데 도움이 되었지만, 동시에 기존 토지 소유자들의 불만이 야기될 수 있는 위험한 선택이었다. 이러한 정책은 그의 권력 기반을 강화하는 동시에 잠재적인 갈등의 씨앗을 뿌리는 양면성을 지니고 있었다.

또한 아우구스투스는 원로원의 명부를 정리하는 과정을 통해 공화정의 근간인 원로원의 자율성과 독립성을 자신이 관리한다는 점을 분명히 했다. 이는 겉으로 공화정의 전통을 존중하는 듯 보이지만, 실질적으로는 원로원에 대한 통제력을 강화하는 조치였다. 이러한 전략은 아우구스투스가 공화정의 형식은 유지하면서도 실질적인 권력을 장악하려 했다는 점을 잘 보여준다.

프린켑스 체제의 명과 암

아우구스투스는 로마공화정의 틀을 유지하면서도 실질적인 권력 구조를 재편했다. 그는 원로원의 권위를 존중하는 모습을 보이면서도, 동시에 자신의 권력 기반을 확고히 했다. 특히 2차 삼두정치 시기를 지나면서, 그는 원로원의 독선을 비판하고 자신에 대한 권한 제한에 저항하는 등 복잡한 정치적 행보를 보였다.

그는 카이사르의 교훈을 잊지 않았으나, 내심 양부 이상의 권력을 영속적으로 누리고 싶었던 것으로 보인다. 아우구스투스의 정치적 수완은 그의 권력 기반 구축 방식에서 잘 드러난다. 그는 로마 군대, 평민, 원로원, 귀족 집단 등 다양한 세력 간의 균형을 유지하며 입지를 강화했다. 특히 주목할 만한 점은 로마 시민들에 대한 그의 접근 방식이다. 곡식 배급과 축제 관람 허용 등을 통해 시민들의 지지를 확보한 것은 이전의 정치인들과는 차별화된 전략이었다.

이러한 아우구스투스의 정치적 유산은 복잡하고 양면적이다. 한편으로 그의 치세 동안 내전을 방지하고 로마시의 발전을 이끌어냈다는 점에서 성공적이었다고 볼 수 있다. 그러나 다른 한편으로는 그가 구축한 프린켑스 체제가 그의 사후에 안정적으로 유지되지 못했다는 점에서 한계를 드러냈다. 아우구스투스 사후, 프린켑스 체제는 여러 도전에 직면했다. 그의 후계자들, 특히 티베리우스부터 네로에 이르는 율리우스-클라우디우스 왕조의 통치자들은 각기 다른 방식으로 이 체제를 운영했다. 티베리우스의 정치적 미숙함, 칼리굴라의 난행, 클라우디우스의 옹립, 그리고 네로의 폭정은 아우구스투스가 구축한 체제가 의외로 불안정하다는 점을 여실히 드러냈다.

이러한 일련의 사건들은 프린켑스 체제가 개인의 능력과 성향에 크게 좌우될 수 있음을 보여준다. 아우구스투스가 구축한 권력 균형은 그의 후계자들에 의해 쉽게 무너졌고, 이는 결국 원로원과 군대, 그리고 시민들 간의 갈등으로 이어졌다. 특히 네로의 죽음 이후 율리우스-클라우디우스 계열이 프린켑스 지위를 독점하지 못하게 된 것은 이 체제의 근본적인 취약성을 드러내는 사건이었다.

영광과 몰락의 주인공, 아우구스투스

자신의 인생에만 한정한다면 아우구스투스는 분명 성공한 프린켑스였다. 그의 통치 기간 동안 로마는 안정과 번영을 누렸으며, 그는 강력한 지도자로서의 입지를 굳건히 했다. 그러나 후대 역사가들의 비판적 시각은 아우구스투스가 공화정 제도와 황제로서의 욕망 사이에 보인 모호한 태도에 집중되어 있다. 이러한 이중성은 로마 정치 체제의 근본적인 변화를 가져왔고, 후대에 중대한 영향을 미쳤다.

흥미롭게도, 로마의 상징처럼 여겨지는 법치주의가 정작 프린켑스의 권한과 후계자 선발 과정에 대해서는 명확한 규정을 두지 않았다는 것이다. 이는 로마 정치 체제의 근본적인 모순을 드러내는 것으로, 프린켑스와 그를 둘러싼 정치 세력의 의지에 따라 권력 구조가 좌우되는 결과를 낳았다. 이러한 불명확성은 후대 로마 제국의 정치적 불안정성의 씨앗이 되었다.

아우구스투스 이후 티베리우스에서 네로에 이르는 황제들은 아우구스투스의 성과와 업적, 그리고 대중의 지지를 유지하는 데 실패했다. 더욱이 정상적인 제위 승계마저 이루어지지 못했다는 점은 아우구스투스가 구축한 체제의 근본적인 취약성을 드러낸다. 결국 아우구스투스는 로마 제국의 영광은 물론, 훗날 로마가 겪게 될 모든 사단의 주인공으로 평가받을 수 있지 않을까?

> 프로파일링 보고서

인지부조화로 비극을 야기한 시민, 혹은 황제

인지부조화는 인간의 태도와 행동 사이의 모순으로 인해 발생하는 심리적 불균형 상태를 말한다. 이는 일상생활뿐만 아니라 역사적 인물들의 삶에서도 자주 관찰된다. 특히 강력한 욕망과 현실적 제약 사이에서 고뇌하는 지도자들에게 더욱 두드러지게 나타난다. 심각한 갈등 상황에서 개인은 종종 자기합리화를 통해 행동에 맞춰 태도를 변화시키는 경향을 보이기 때문이다.

로마의 역사에서 이러한 인지부조화의 대표적인 예를 찾아볼 수 있다. 율리우스 카이사르의 비극적 최후는 공화정을 넘어 절대 권력을 추구한 결과였다. "브루투스! 너마저도!"라는 유명한 대사는 권력의 정점에 오르려는 시도가 얼마나 위험할 수 있는지를 상징적으로 보여준다. 이러한 역사적 교훈은 후대 지도자들에게 깊은 영향을 미쳤다.

옥타비아누스, 후에 아우구스투스로 알려진 인물은 이러한 역사적 교훈을 깊이 새기며 자신의 정치적 행보를 설계했다. 그는 양부인 카이사르의 운명과 정적 안토니우스의 실패를 목격하며, 절대 권력의 추구가 가져올 수 있는 위험을 인식했다. 이는 그가 겪게 될 인지부조화의 시작점이 되었으며, 동시에 그의 독특한 통치 방식을 형성하는 계기가 되었다.

악티움 해전 이후 아우구스투스는 로마의 실질적인 지배자가 되었음에도 불구하고 공화정의 틀을 완전히 버리지 않았다. 그는 자신의 권력을 프린켑스로 한정하며, 공화정의 가치를 존중하는 모습을 보였다. 이는 단순한 겸양의 표현이 아닌, 정교한 정치적 전략이었다.

그의 통치 기간 동안 로마는 '팍스 로마나' 시대의 기틀을 닦았다. 아우구스투스는 거대한 포룸과 공공건물을 건설하고, 다양한 신상을 배치함으로써 로마의 물리적, 정신적 경관을 새롭게 조성했다. 이러한 노력은 로마의 위대성을 시각적으로 구현하는 동시에, 제정 로마의 이미지를 창조하는 데 기여했다. 게다가 아우구스투스는 이러한 대규모 프로젝트에 개인 재산을 출연시켰다. 이는 그가 공적 이익을 위해 사적 자원을 투자하는 자애로운 지도자라는 이미지를 구축하는 데 도움이 되었다.

이러한 그의 통치 방식은 로마의 정치 체제에 근본적인 변화를 가져왔다. 원로원의 권위와 공화정의 가치를 존중하는 듯한 모습을 보이면서도, 실질적으로는 황제나 다름없는 강력한 중앙 집권 체제를 구축한 것이다.

하지만 동시에 그의 이러한 행보는 후계자 선택에 있어 큰 딜레마를 야기했다. 혈연에 의한 세습은 황제의 권한을 인정하는 것이 되지만, 능력에 따른 선택은 공화정의 이상에 더 부합했기 때문이다.

아우구스투스는 결국 티베리우스를 후계자로 지명했다. 티베리우스는 뛰어난 군사 지도자였지만, 정치적 능력에서는 아우구스투스에 미치지 못했다. 이 선택은 로마 제국에 큰 혼란을 가져왔다. 칼리굴라, 클라우디우스, 네로로 이어지는 시기 동안 로마는 극심한 불안정을 겪었고, 이는 아우구스투스가 구축한 체제의 취약점을 드러냈다.

아우구스투스의 이러한 결정은 그의 업적에 대비되어 가장 큰 비판을 받는 부분이다. 그가 구축한 프린켑스 체제와 원로원 기반의 공화정 구조의 병립이 실패로 돌아갔기 때문이다. 그는 그의 전임자들이 남긴 트라우마로 인해 공화정의 외양을 완전히 버리지 못했고, 결국 이는 그의 사후에 큰 문제를 야기하게 된다.

아우구스투스 사후 82년이 지난 후, 로마는 또 다른 전환점을 맞이한다. 네로 이후 30여 년의 혼란기를 거쳐 로마의 전성기로 평가받는 오현제 시대가 도래한 것이다. 흥미롭게도 이 시대의 번영을 가능케 한 핵심 요인 중 하나가 바로 혈연이 아닌 능력에 따른 후계자 선택이었다.

오현제 시대의 황제들은 혈연관계가 아닌 능력 있는 인물을 후계자로 선택했다. 이는 아우구스투스의 선택과 유사한 면이 있지만, 그 결과는 매우 달랐다. 오현제 시대 동안 로마는 안정과 번영을 누렸고, 능력 기반의 후계 시스템은 평생 효과적으로 작동할 것처럼 보였다.

그러나 역사의 아이러니는 여기서 그치지 않았다. 오현제 시대가 비극적으로 막을 내린 이유가 외려 혈연에 의한 후계 때문이었던 것이다. 마르쿠스 아우렐리우스가 아들 코모두스를 후계자로 선택하면서 로마의 번영은 끝을 맺게 되었다.

우리는 묻지 않을 수 없다. 아우구스투스, 그리고 후대 로마 지도자들의 선택은 과연 어떤 평가를 받아야 하는가? 나아가 절대적이고 완전한 정치체제는 인류 역사상 존재할 수 있는가?

라스푸틴에 가려진 무능한 차르, 니콜라이 2세

19세기 말에서 20세기 초, 러시아는 세계 역사의 중심에 서 있었다. 유럽 최대의 영토를 자랑하는 제국으로서, 러시아는 급격한 변화의 소용돌이 속에 있었다. 이 시기에 로마노프 왕조의 마지막 군주인 니콜라이 2세가 등장했다. 1894년 즉위한 그는 러일전쟁과 제1차 세계대전 과정에서 러시아 제국을 지도했으나, 결국 1917년 러시아 혁명으로 퇴위하고 가족과 함께 처형당하는 비극적 운명을 맞이했다.

니콜라이 2세의 통치 기간은 러시아 역사의 중대한 전환점이었다. 그의 재위 동안 러시아는 절대 군주제에서 입헌군주제를 거쳐 공화정으로 급격히 변화했다. 이 과정에서 그는 유약하고 카리스마가 부족한 지도자로 평가받았다. 특히 제1차 세계대전 중 군 지휘권을 행사한 경험이 전무했음에도 유럽 전선 총괄 직책을 맡는 모습은 그의 통치력에 의문을 제기하게 만들었다.

니콜라이 2세의 통치는 러시아 제국의 몰락과 밀접하게 연관되어 있다. 그의 통치 스타일, 정책 결정, 그리고 시대의 변화에 대응하지 못한 점 등이 복합적으로 작용하여 300년 넘게 이어온 로마노프 왕조의 종말을 초래했다. 이는 단순히 한 개인의 실패가 아닌, 오랜 시간 누적된 러시아의 정치, 경제, 사회적 문제가 일거에 폭발한 결과라고 볼 수 있다.

역사적으로 볼 때, 니콜라이 2세의 운명은 분명 유럽의 다른 여러 군주들과 유사한 점이 있다. 특히 영국의 찰스 1세와 프랑스의 루이 16세의 경우, 정치적 격변기에 처형당했다는 점에서 니콜라이 2세와 크게 공통점을 가진다. 이들은 모두 혁명의 소용돌이 속에서 권력을 잃고 생명을 잃었다.

그러나 니콜라이 2세의 경우, 찰스 1세나 루이 16세와는 달리 사후 평가에서도 긍정적인 면을 찾기 어렵다. 그는 황후 엘리자베타에 비해 강단 있는 모습을 보여주지 못했고, 라스푸틴이라는 요승의 전횡도 막지 못했다. 이는 그의 통치 능력과 판단력에 대한 의문을 더욱 깊게 만들었다.

 니콜라이 2세의 실패는 개인의 한계를 넘어 러시아 제국 전체의 문제점을 드러냈다. 표트르 1세와 예카테리나 2세 시대에 유럽의 강대국으로 부상했던 러시아가 20세기 초에 급격히 몰락한 것은 단순히 마지막 군주의 무능 때문만은 아니다. 다시 말해, 이는 오랜 기간 누적된 사회적, 경제적 모순과 급격한 근대화의 압력이 복합적으로 작용한 결과였다는 이야기이다.

 이 글에서는 니콜라이 2세의 주요 행적들을 중심으로 왜 그가 로마노프 왕조의 문을 닫는 장본인이 되었는지 살펴볼 것이다. 표트르 1세와 예카테리나 2세 등을 거치며 유럽의 열강으로 우뚝 섰던 러시아는 왜 20세기 초 신기루처럼 사라졌던 것일까?

불완전한 개혁이 뿌린 갈등의 씨앗

19세기 러시아는 유럽의 다른 국가들과는 상당히 다른 길을 걸었다. 프랑스 혁명과 나폴레옹 전쟁 이후, 유럽 대부분의 국가가 자유주의 물결에 휩싸였지만 러시아는 예외적으로 절대왕정을 고수했다. 1848년 혁명의 바람이 유럽을 강타했을 때도 러시아는 이를 비껴갔다. 이는 러시아가 유럽의 정치적, 사회적 변화로부터 얼마나 동떨어져 있었는지를 잘 보여준다.

러시아의 이러한 고립은 크림 전쟁에서의 패배로 큰 타격을 받게 된다. 한때 나폴레옹을 물리치고 유럽의 질서를 재편했던 러시아가 영국, 프랑스, 사르데냐, 오스만 연합군에 패배한 것이다. 이는 러시아 사회에 큰 충격을 주었고, 개혁의 필요성을 절감하게 만들었다.

이러한 배경 속에서 알렉산드르 2세의 즉위는 러시아에 새로운 변화의 바람을 불러일으켰다. 그는 크림 전쟁의 패배를 교훈 삼아 러시아의 후진성을 극복하고자 했고, 그 중심에는 농노해방령이 있었다.

하지만 알렉산드르 2세의 개혁은 완전하지 않았다. 농노해방령은 신분적 예속은 풀어주었지만, 경제적 기반을 제공하지 않았다. 이로 인해 많은 농민들은 여전히 지주들에게 의존할 수밖에 없었고, 이는 자유주의 세력의 불만을 샀다. 결국 이러한 불만은 1881년 알렉산드르 2세의 암살로 이어졌다.

농노해방령은 러시아 사회를 근본적으로 변화시키려는 시도였다. 전체 인구의 70%에 달하는 농민들을 귀족의 지배에서 해방시킨다는 것은 러시아의 사회 구조를 뒤흔드는 혁명적인 조치였다. 이는 예카테리나 2세 이래 차르들이 고수해 온 귀족 특권 인정 정책과는 완전히 다른 접근이었다.

그러나 이 개혁은 근본적인 한계를 지니고 있었다. 농노들은 신분적으로는 자유를 얻었지만, 경제적 기반은 여전히 취약했다. 토지 없는 자유민이 된 그들은 결국 생존을 위해 다시 지주들에게 의존할 수밖에 없었다. 이는 실질적인 자유와 평등을 달성하는 데 큰 장애물이 되었다.

이러한 불완전한 개혁은 러시아 사회의 근본적인 모순을 해결하지 못했고, 오히려 새로운 갈등의 씨앗을 뿌렸다. 자유주의 세력은 더 급진적인 변화를 요구했고, 보수 세력은 기존 질서의 붕괴를 우려했다. 이러한 갈등은 결국 알렉산드르 2세의 암살로 폭발하게 되었고, 러시아는 다시 한번 변화의 기로에 서게 되었다.

알렉산드르 2세의 죽음을 목격한 아들 알렉산드르 3세, 그리고 손자 니콜라이 2세도 이러한 변화에서 자유롭지 못했다. 하지만 19세기의 끝에 차르의 지위에 오른 니콜라이 2세의 눈은 여전히 절대왕정 시기를 향해 있었다.

제국의 운명을 바꾼 신호탄, 러일전쟁

니콜라이 2세가 러시아 제국의 황제로 즉위했을 때, 유럽과 세계 정세는 급격한 변화의 소용돌이 속에 있었다. 독일에서는 빌헬름 2세가 비스마르크를 물러나게 하고 적극적인 대외 팽창 정책을 추진하고 있었다. 독일 제국의 탄생 과정에서 벌어진 여러 전쟁들을 목격한 유럽 국가들은 이러한 독일의 움직임에 긴장할 수밖에 없었다. 특히 프로이센-프랑스 전쟁으로 제2제정이 무너진 프랑스는 빌헬름 2세의 팽창 정책을 우려의 눈으로 바라보고 있었다.

이러한 상황에서 러시아는 독일을 견제할 수 있는 중요한 국가로 부상했다. 프랑스는 빠르게 러시아와 관계를 개선하고 동맹을 맺어 독일을 견제하기 시작했다. 한편 독일은 유럽 대륙에서 최강의 육군을 보유하고 있었으며, 범게르만주의를 내세워 오스트리아-헝가리 제국과 긴밀한 관계를 유지하고 있었다. 이로 인해 유럽은 크게 두 진영으로 나뉘어 긴장이 고조되는 상황이었다.

이러한 유럽의 정세 변화는 니콜라이 2세에게 큰 도전이 되었다. 러시아는 크림 전쟁과 산 스테파노 조약으로 인해 흑해를 통한 유럽 진출이 사실상 차단된 상태였다. 이에 따라 러시아는 새로운 팽창의 기회를 찾아 동아시아로 눈을 돌리게 되었고, 이는 또 다른 국제적 갈등의 씨앗이 되었다.

1901년 청나라에서 발생한 의화단 운동은 러시아에 만주 지역 진출의 기회를 제공했다. 러시아는 이 사건을 진압하는 과정에서 만주 지역에 대한 지배권을 확립하고자 했다. 특히 철도 부설을 통해 만주 지역에 대한 실질적인 지배력을 확보하려는 전략을 펼쳤다. 그러나 이러한 러시아의 의도는 다른 유럽 국가들의 불안감을 자극했고, 특히 한반도 점유를 둘러싸고 일본과의 대립을 심화시켰다.

니콜라이 2세는 1903년을 전후하여 만주 문제에 직접 개입하기 시작했다. 그는 점진적인 만주 확보를 주장하던 비테 재무대신을 실각시키고, 만주 문제에 대해 더욱 강경한 입장을 취하는 쿠로파트킨, 알렉세예프 등을 등용했다. 이러한 니콜라이 2세의 결정은 국제 사회의 우려를 더욱 증폭시켰고, 특히 일본을 자극하기에 충분했다.

결국 만주 문제와 한반도 점유 문제가 겹치면서 러일전쟁이 발발하게 되었다. 이 전쟁은 니콜라이 2세의 대외 정책이 가져온 직접적인 결과물인 동시에, 러시아 제국의 운명을 크게 바꾸는 계기가 되었다.

러일전쟁은 러시아가 유리하다는 세간의 평가와 달리, 일진일퇴의 공방전이 이어졌다. 발틱함대가 비록 쓰시마 해전에서 전멸했지만, 러시아가 시베리아 철도를 경유해 육군을 보강한다면 전쟁의 양상이 어떻게 변화할지 모르는 일이었다. 하지만 바로 그때, 러시아에 엄청난 일이 일어났다.

몰락을 가속화 한 그날, 피의 일요일

1905년 1월 22일, 러시아 수도 상트페테르부르크에서는 역사적인 순간이 펼쳐졌다. 수만 명의 노동자들이 차르의 은혜를 구하며 황궁으로 행진했다. 이 행진은 차르 정부가 미리 계획한 것으로, 게오르기 가퐁 신부를 통해 노동자들의 불만을 무마하려는 의도였다. 그러나 이 계획은 처참하게 실패로 돌아갔다. 니콜라이 2세가 가족과 함께 휴가를 떠난 상황에서, 황궁 근위대와 카자크 기병대가 무방비 상태의 노동자들을 향해 발포한 것이다.

이 사건으로 수백 명의 노동자가 목숨을 잃었고, 이는 '피의 일요일'이라는 비극적인 이름으로 역사에 기록되었다. 이 사건은 니콜라이 2세의 정치적 무능함을 여실히 드러냈다. 전제정을 고수하던 니콜라이 2세는 국민을 위한 통치의 필요성을 인식하지 못했고, 특히 러일전쟁이 진행 중이던 당시 상황에서 민심 이반을 막을 수 있는 정치적 감각을 전혀 발휘하지 못했다.

'피의 일요일' 사건은 러시아 국민이 차르 정권에 등을 돌리는 결정적 계기가 되었다. 이로 인해 니콜라이 2세는 신료들의 조언에 따라 1905년 8월 헌법 제정과 의회(두마) 설치를 선언하게 된다. 이는 전제정의 근간을 흔드는 중대한 변화였으며, 러시아 역사의 새로운 장을 여는 시작점이 되었다.

피의 일요일 사건 이후, 러시아의 정치적 위기는 더욱 깊어졌다. 1905년 9월, 미국 포츠머스에서 체결된 포츠머스 조약은 러일전쟁의 패배를 공식화했다. 러시아는 만주 지역의 이권을 상실하게 되었고, 국제적 위신도 크게 실추되었다.

러시아 전권대신이었던 비테는 포츠머스 조약 협상에서 배상금 항목만큼은 지켜내는 외교적 수완을 발휘했다. 그러나 이는 러시아의 전반적인 패배를 가리기에는 역부족이었다. 전쟁 패배는 니콜라이 2세 정권의 무능함을 더욱 부각하고 국내 정치적 불안을 가중시켰다.

10월에는 전국적인 총파업이 발생하여 러시아는 더욱 심각한 위기에 빠졌다. 이에 비테는 니콜라이 2세에게 대신회의를 강화하고 입헌주의적 노선으로 정국을 운영할 것을 조언했다. 결국 피의 일요일 사건, 러일전쟁 패배, 10월 총파업이라는 연이은 위기는 니콜라이 2세를 굴복시키는 결정적 요인이 되었다.

차르의 존재감을 지워버린 대담한 개혁

1906년, 러시아 제국의 내무대신이자 대신회의 의장으로 취임한 표트르 스톨리핀(1862-1911)은 러시아의 미래를 바꿀 수 있는 대담한 개혁을 시작했다. 당시 러시아는 농노해방 이후에도 여전히 농업 문제로 고심하고 있었다. 스톨리핀은 이 문제의 핵심이 토지 분배와 농촌 구조에 있다고 판단했다. 그의 날카로운 통찰력은 러시아의 전통적인 농촌공동체 시스템이 근대화와 발전의 걸림돌이 되고 있음을 간파했다.

스톨리핀의 개혁은 크게 두 가지 방향으로 진행되었다. 첫째는 농민들에게 개인 소유의 토지를 인정하는 것이었다. 둘째는 독립적인 자영농을 육성하는 것이었다. 이는 기존의 귀족과 지주들의 이익에 반하는 혁명적인 제안이었다. 스톨리핀은 이러한 개혁을 통해 농민들의 노동 의욕을 고취시키고, 선진 농업 기술의 도입을 촉진하고자 했다.

이러한 개혁의 근본적인 목적은 단순히 농업 생산성 향상에 그치지 않았다. 스톨리핀은 농촌의 구조적 빈곤이 반정부 정서와 혁명 사상의 온상이 될 수 있다고 보았다. 그는 농민들에게 '소유'의 개념을 도입함으로써 그들을 체제 내로 끌어들이고, 혁명의 위험을 줄이고자 했다. 이는 당시 차르 정부가 간과하고 있던 중요한 사회적 문제를 해결하려는 시도였다.

스톨리핀의 개혁은 러시아 사회 전반에 큰 파장을 일으켰다. 한편으로는 귀족과 지주 세력의 강한 반발을 샀고, 다른 한편으로는 혁명 세력의 불만을 자아냈다. 이는 스톨리핀의 개혁이 얼마나 급진적이고 광범위했는지를 보여주는 증거이기도 하다.

개혁을 추진하는 과정에서 스톨리핀은 때로는 강압적인 방법을 사용했다. 예를 들어, 두마의 승인을 얻기 위해 선거법을 불법적으로 개정하는 등의 행위는 그의 독선적인 정치 스타일을 보여주었다.

스톨리핀의 정책은 니콜라이 2세의 약화 된 정치적 영향력을 회복하려는 시도였다. 그러나 역설적으로 이는 차르의 존재감을 더욱 약화시키는 결과를 낳았다. 니콜라이 2세는 점차 스톨리핀의 존재감에 압도되어 불편함을 느끼기 시작했다. 이는 니콜라이 2세가 스톨리핀이 암살당하고 후임 대신회의 의장이 된 꼬꼬프쪼프에게 건넨 말에도 잘 드러난다. "스톨리핀의 선례를 따르지 말라" 다시 말해, 그는 여전히 개혁의 필요성을 느끼기보다는 자신의 권위에 집착하고 있었던 것이다.

권력의 오용과 무능이 부른 종말

1914년 6월 28일, 보스니아 사라예보에서 발생한 오스트리아-헝가리 제국 황태자 부부 암살 사건은 니콜라이 2세에게 중대한 전환점이 되었다. 이 사건은 러시아 내부의 불만을 외부로 돌릴 수 있는 기회로 작용했다. 러시아는 '범슬라브주의'를 내세워 슬라브 민족의 국가 건설을 지원하고 자국의 영향력을 확대하고자 했다. 이는 필연적으로 독일, 오스트리아-헝가리 제국과의 대립을 초래했다.

니콜라이 2세는 이 상황에서 즉각적인 총동원령을 발동했다. 이러한 결정의 배경에는 삼국협상(프랑스, 영국, 러시아)의 공동 전선과 당시 유럽을 휩쓴 민족주의 열풍이 있었다. 제국주의의 영향인지 레닌 등 일부 사회주의 세력을 제외한 대부분의 정치 세력은 독일과 오스트리아-헝가리 제국을 무너뜨릴 수 있다는 희망에 사로잡혀 국가두마에서 전쟁 참전을 만장일치로 승인했다.

니콜라이 2세에게 이는 즉위 후 처음으로 경험하는 국민적 단결의 순간이었다. 그러나 이 결정은 전쟁 참전에 대한 구체적인 계획이나 그 영향에 대한 깊은 고민 없이 이루어졌다. 이는 후에 러시아 제국에 치명적인 결과를 초래하게 된다.

제1차 세계대전이 장기화되며 러시아는 연이은 패배를 겪게 되었다. 특히 1915년 전반기에 연이어 일어난 러시아군의 패배는 민심을 악화시켰다. 이 위기 상황에서 니콜라이 2세는 치명적인 오판을 하게 된다.

그는 국민적 명망이 높았던 러시아군 최고 사령관 니콜라이 니콜라예비치 대공을 해임하고, 자신이 직접 최고사령관직을 맡았다. 전투 경험이 전무한 니콜라이 2세의 이 결정은 두 가지 심각한 문제를 불러일으켰다. 첫째, 대신회의의 결정을 무시함으로써 신료들에 대한 정무적 장악력을 상실했다. 둘째, 수도 상트페테르부르크를 떠나 전선으로 이동함으로써 내정을 황후 알렉산드라에게 맡기게 되었다.

이 결정의 가장 큰 문제점은 황후 알렉산드라 주변에 있던 라스푸틴의 영향력이었다. 그는 본래 떠돌이 수도자에 불과했으나, 니콜라이 2세의 아들인 알렉세이 니콜라예비치 로마노프 황태자의 병을 호전시킨 업적으로 황제 부부의 신임을 얻었다. 이후 비선실세가 된 그는 국정을 제멋대로 휘두르며 러시아 제국의 몰락에 크게 일조한다.

니콜라이 2세는 차르로서의 막강한 권한을 효과적으로 사용할 능력이 부족했다. 제1차 세계대전 중 그의 잘못된 판단은 국가 통치와 자신의 권력에 대한 이해 부족을 여실히 드러냈다. 그는 전제군주정을 고수했지만 백성을 위한 통치, 즉 위민 개념은 전무했다. 그 결과는 비극적이었다. 러시아 혁명이 발발하고, 니콜라이 2세는 퇴위당한 뒤 가족과 함께 혁명 세력에 의해 처형되는 비운을 맞이한다.

프로파일링 보고서

무능과 시스템의 부재가 만든 몰락

역사는 종종 지도자의 능력과 결단력에 의해 좌우된다. 러시아 제국의 마지막 황제 니콜라이 2세는 이러한 역사의 교훈을 극명하게 보여주는 인물이다. 그의 통치 기간은 러시아의 급격한 변화와 혼란의 시기와 맞물려 있었다. 20세기 초 러시아는 산업화와 근대화의 물결 속에서 사회적, 정치적 변혁을 겪고 있었다. 이러한 격변의 시기에 강력하고 현명한 지도력이 필요했지만 니콜라이 2세는 이에 부응하지 못했고, 이는 결국 제국의 몰락으로 이어졌다.

니콜라이 2세의 실패는 여러 요인에서 비롯된다. 먼저, 그의 개인적 성향과 경험이 큰 영향을 미쳤다. 조부 알렉산드르 2세의 암살로 인한 트라우마는 그를 겁쟁이로 만들었고, 이는 결정적 순간에 필요한 과감한 결단을 내리지 못하게 했다. 또한 아버지 알렉산드르 3세의 강압적 통치 방식이 실패로 끝난 것을 목격한 경험은 그를 우유부단하게 만들었다. 이러한 개인적 요인들은 그의 통치 스타일에 직접적인 영향을 미쳤고, 결과적으로 국가 운영의 효율성을 크게 저하시켰다.

당시 러시아 제국에 체계적인 제왕학 교육이 부재했다는 점도 지적된다. 이는 단순한 교육의 문제를 넘어, 권력의 견제와 균형, 그리고 효율적인 국가 운영 시스템의 부재를 의미한다. 결국 니콜라이 2세의 실패는 개인의 무능함과 더불어 러시아 제국의 구조적 문제점이 복합적으로 작용한 결과라고 볼 수 있다.

니콜라이 2세의 통치 실패는 러시아 사회에 엄청난 대가를 치르게 했다. '피의 일요일' 사건은 그의 통치 능력에 대한 국민의 신뢰를 완전히 무너뜨렸다. 1905년 1월 22일, 평화로운 시위대를 향해 황실 근위대가 발포한 이 사건은 수많은 무고한 시민들의 목숨을 앗아갔다. 이는 단순한 유혈 사태를 넘어, 제국과 국민 간의 신뢰 관계가 완전히 붕괴되는 결정적 계기가 되었다.

혁명의 과정에서 발생한 폭력과 희생은 더욱 광범위했다. 내전 동안 양민들이 목숨을 잃었고, 사회 전체가 극심한 혼란에 빠졌다. 이는 단순히 정권의 교체를 넘어, 사회 구조 자체의 근본적인 변화를 의미했다. 농노제 폐지 이후에도 지속된 농민들의 고통, 노동자들의 열악한 처우, 그리고 사회 전반의 불평등은 혁명의 불씨가 되었고, 그 과정에서 수많은 희생이 따랐다.

니콜라이 2세와 그의 가족이 처형된 것은 이러한 역사적 흐름의 비극적 결말이었다. 이는 그들이 누려온 특권과 권력에 대한 역사의 준엄한 심판이었다고 볼 수 있다. 황실의 몰락은 단순히 한 가문의 비극이 아니라, 오랜 세월 지속된 불평등과 억압의 체제가 무너지는 상징적 사건이었다.

이제 남은 의문은 과연 그가 자신과 제국의 운명을 바꿀 수 있었는지에 대한 것이다. 당시 쇠퇴하고 있던 제국에 상황을 반전시킬 수 있는 기회가 있었을까? 명예로운 퇴위나 입헌군주제로의 전환 같은 대안은 가능했을까? 이러한 질문들은 역사의 '만약'을 탐구하게 만든다.

그러나 현실은 냉혹했다. 니콜라이 2세는 제1차 세계대전에 충분한 준비 없이 참전하여 수많은 러시아인의 생명을 희생시켰다. 이는 그의 통치력 부재를 여실히 보여주는 사례였다. 비록 그의 직접적인 최후는 볼셰비키에 의한 처형이었지만, 당시의 사회적 분위기를 고려하면 누군가의 희생은 불가피했을 것이다. 이는 마치 프랑스 혁명 당시 루이 16세와 마리 앙투아네트가 단두대의 이슬로 사라진 것과 유사한 맥락으로 볼 수 있다.

결과적으로 니콜라이 2세의 몰락은 단순히 개인의 비극을 넘어 러시아 제국 전체의 운명을 바꾸는 사건이었다. 이는 구체제의 종말과 새로운 시대의 도래를 알리는 신호탄이었으며, 나아가 러시아 사회 전반에 걸쳐 깊은 변화를 가져왔다.

니콜라이 2세는 아버지로부터 막강한 차르의 권력을 물려받았다. 그러나 이 권력은 양날의 검과 같았다. 그는 누구도 넘볼 수 없는 절대적인 권력을 가졌지만, 그것을 효과적으로 행사할 능력은 갖추지 못했다. 그에게는 권력을 적절히 사용할 능력도, 신뢰할 만한 인물에게 위임할 포용력도, 현명한 조언자를 선별할 안목도 부족했다. 더욱이 그는 필요할 때 권력을 과감히 포기할 용기조차 없었다. 이러한 한계로 인해 그는 종종 권신들의 농간에 휘둘리기도 했다.

이러한 상황의 가장 비극적인 측면은 그의 결정이 수많은 사람들의 생명과 운명을 좌우했다는 점이다. 한 개인의 무능함이 전체 국가와 국민의 운명을 결정짓는 상황은 절대 권력의 위험성을 여실히 보여준다. 이는 현대 사회에서도 권력의 견제와 균형의 중요성을 강조하는 중요한 역사적 교훈이 되고 있다.

더불어 그의 사례는 단순히 한 개인의 실패를 넘어 시스템의 중요성을 일깨우는 것이기도 하다. 러시아 제국의 몰락은 변화하는 시대에 적응하지 못한 구시대적 체제의 한계를 보여준다. 절대 권력이 한 개인에게 집중되어 있고, 그 권력을 견제할 수 있는 장치가 없는 시스템은 결국 실패할 수밖에 없다. 즉, 아무리 체계적으로 보이는 시스템이라도 그것을 개선하고 발전시킬 수 있는 메커니즘이 없다면 결국 붕괴될 수밖에 없다는 이야기이다.

　이러한 역사적 교훈은 오늘날에도 여전히 유효하다. 어떤 조직이나 국가든 지속적인 개혁과 혁신의 필요성을 인식해야 한다. 변화하는 환경에 적응하고, 내부의 문제점을 해결할 수 있는 유연성과 개방성이 필요하다. 니콜라이 2세의 실패는 이러한 적응력과 개혁 의지의 부재가 얼마나 큰 대가를 치르게 하는지를 보여주는 역사적 사례로 오랜 기간 남을 것이다.

안방의 골칫거리가 된 십자군의 영웅, 리처드 1세

리처드 1세(1189-1199)의 삶은 마치 한 편의 중세 서사시와 같았다. 그의 등극 과정은 특히 극적이었다. 아버지인 헨리 2세에 대항하여 일어섰고, 어머니 엘레오노르의 지원을 받아 잉글랜드의 왕좌에 올랐던 거다. 게다가 이 과정에서 아버지에 의해 감금되었던 어머니를 구출하는 일도 있었다.

리처드 1세는 '사자의 심장'이라는 별명에 걸맞게 십자군 원정에도 열정적으로 참여했다. 그의 군사적 능력과 용기는 중세 기사도의 이상을 체현한 것으로 여겨졌다. 그러나 이러한 원정에 대한 헌신은 양날의 검이 되어, 그가 왕국을 직접 통치하는 시간을 크게 줄였다. 심지어 그의 부재중 동생 존이 왕위 찬탈을 시도할 정도로 말이다. 분명 리처드의 통치 스타일은 전통적인 국왕의 모습과는 거리가 멀었다.

이로 인해 그의 통치 기간 동안 잉글랜드는 상당한 영토를 상실했다. 특히 모친 엘레오노르가 헨리 2세와의 결혼으로 가져온 아키텐을 비롯한 서프랑스의 영토들이 프랑스의 필리프 2세에게 점차 넘어가기 시작했다. 이는 리처드가 십자군 원정에 집중하느라 본국의 정세를 제대로 관리하지 못한 결과였다.

리처드 1세에 대한 이러한 평가는 우리가 가진 국왕에 대한 선입견에 크게 영향을 받는다. 동아시아의 전통적인 왕권 개념과는 달리, 리처드는 태생적으로 왕위 계승 서열이 높지 않았다. 그는 프랑스에서 태어났고, 형 헨리가 있었기 때문에 처음부터 왕위를 염두에 두고 교육을 받지 않았을 가능성이 높다. 더군다나 중세 유럽에는 '제왕학'도 별도로 존재하지 않았다. 이는 리처드와 같은 군주들이 통치에 대한 체계적인 교육을 받기보다는 실제 경험과 개인의 성향에 따라 통치 스타일을 형성했음을 의미한다.

더구나 유럽 중세사는 중앙집권적인 왕국이 거의 존재하지 않았다. 각 지역의 영주들은 왕처럼 군림했을 뿐만 아니라, 영주 간 결혼을 통해 정치적 연대와 동맹을 맺고 파기하고를 반복했다. 각국의 군주들은 우리의 생각보다 훨씬 큰 변동성 아래 놓여 있었던 셈이다.

결과적으로, 리처드 1세의 사례는 중세 유럽 군주의 역할과 책임에 대해 재고할 기회를 제공한다. 그의 통치는 단순히 성공 또는 실패로 평가되기보다는, 당시의 복잡한 정치적, 사회적 맥락 속에서 이해되어야 한다. 지금부터 전통적인 국왕의 모습과는 다른, 그러나 중세 유럽의 역동적이고 다면적인 군주의 모습을 대표하는 리처드 1세의 삶을 만나보자.

아버지의 목을 겨눈 아들들

리처드 1세의 어머니인 엘레오노르는 12세기 유럽 정치계의 핵심 인물이었다. 아키텐 공작의 딸로 태어난 그녀는 뛰어난 정치적 능력과 깊은 문학적 소양을 겸비한 여성이었다. 프랑스 카페 왕조의 루이 7세와의 첫 결혼에서 그녀는 2차 십자군 원정에 참여할 정도로 적극적인 모습을 보였다. 그러나 이 결혼에서 아들을 얻지 못한 그녀는 1152년 3월, 루이 7세와 이혼을 선택한다.

그녀의 인생에서 가장 중요한 전환점은 1152년 5월, 노르망디 공작 헨리 2세와의 재혼이었다. 이 결혼으로 그녀는 자신의 직할지인 아키텐을 헨리 2세에게 지참금으로 넘겨주었다. 서프랑스의 주요 지역이 헨리 2세의 영토로 편입된 것이다. 이로 인해 프랑스 왕의 봉신이었던 헨리 2세가 오히려 주군인 프랑스 왕보다 더 넓은 영토를 확보하게 되는 역설적인 상황이 발생하기도 했다.

엘레오노르와 헨리 2세의 결혼은 8명의 자녀를 낳는 등 초기에는 안정적으로 보였다. 그러나 1167년, 엘레오노르는 갑자기 아키텐으로 돌아가게 된다. 이는 헨리 2세의 끊임없는 여성 편력이 원인이었다고 전해진다. 기사도 문학에 애정을 가지고 후원을 이어온 엘레오노르의 관점에서 헨리 2세의 행동은 그녀가 이상적으로 여기는 기사도 정신과 너무나도 거리가 먼 것이었다.

헨리 2세와 엘레오노르의 불화는 단순한 부부 갈등을 넘어 왕국 전체를 뒤흔드는 정치적 사건으로 발전했다. 이들의 세 아들인 헨리, 리처드, 조프리는 부모의 갈등을 목격하며 성장했고, 결국 1173년 아버지인 헨리 2세에 대한 반란을 일으키기에 이른다.

헨리 2세는 이 반란의 배후에 엘레오노르가 있다고 확신했다. 그는 신속하게 대응하여 엘레오노르를 체포하는 데 성공했고, 그녀는 헨리 2세가 사망하는 1189년까지 16년간 잉글랜드에 억류되었다. 결국 세 아들은 아버지에게 굴복했지만, 이 사건은 가족 간의 신뢰를 돌이킬 수 없이 훼손시켰다.

아버지를 무너뜨린 아들

엘레오노르가 특별히 아꼈던 아들 리처드에게 자신의 본거지인 아키텐을 할양한 것은 새로운 갈등의 씨앗이 되었다. 1183년, 장남 헨리와 셋째 조프리는 리처드의 아키텐 지배에 반발하여 공동으로 군사를 일으켰다. 이는 단순한 영토 분쟁을 넘어, 왕위 계승 순위와 권력 분배를 둘러싼 형제간의 치열한 경쟁을 보여주는 사건이었다.

흥미로운 점은 아키텐의 영주들도 이 갈등에 가담했다는 것입니다. 1179년경부터 리처드의 통치에 불만을 품어온 이들은 헨리와 조프리의 연합군에 합류했다. 이는 중세 봉건 사회에서 영주들의 정치적 영향력과 그들의 이해관계가 왕실의 내분과 어떻게 얽혀있는지를 보여주는 좋은 예시이다.

그러나 리처드는 이 연합군과의 전투에서 승리를 거두었고, 1183년 헨리의 갑작스러운 사망으로 이 분쟁은 일단락되었다. 1186년 프랑스의 왕 필리프 2세의 조력으로 동생 조프리가 다시 리처드를 향해 군사를 일으켰지만, 조프리 역시 병에 걸려 사망하면서 리처드는 명실공히 헨리 2세의 후계자로서 위치를 확고하게 다지게 된다.

그러나 이미 이야기한 것처럼 리처드는 어머니 엘레오노르와 매우 가까웠으며, 헨리 2세와는 긴장 관계를 유지하고 있었다. 반면 헨리 2세는 리처드를 견제할 수 있는 사람으로 엘레오노르와의 사이에서 낳은 막내아들인 존을 밀고 있었다.

헨리 2세는 리처드를 견제하고자 리처드에게 아키텐을 동생 존에게 넘길 것을 명령한다. 하지만 그 지역은 어머니의 직속령인 데다가 지역을 상실할 경우 아버지에 저항했던 전적이 부각되어 자신의 정치적 영향력이 축소될 우려가 있었다. 게다가 유일한 정치적 후원자였던 엘레오노르는 아버지에 의해 억류 중이었다.

반면, 이 상황을 반기는 사람이 있었다. 바로 프랑스의 왕 필리프 2세였다. 필리프는 이전에 리처드를 견제하기 위해 그의 동생 조프리를 지원한 바 있었으나, 조프리의 죽음으로 계획이 무산된 경험이 있었다. 그는 이번에는 전략을 바꿔 헨리 2세와 대립하는 리처드를 지원하기로 결정했다. 왕실의 내분을 이용해 프랑스의 이익을 도모하려는 계산된 움직임을 보인 것이다.

1189년, 헨리 2세와 리처드 사이의 갈등은 절정에 달했다. 두 사람은 결국 전투를 벌이게 되었고, 이 과정에서 예상치 못한 반전이 일어났다. 헨리 2세의 총애를 받던 막내아들 존이 오히려 리처드의 편에 가담한 것이다. 이는 헨리 2세에게 큰 충격을 안겨주었다. 존의 배신은 헨리 2세에게 치명적인 타격이었다. 자신이 가장 아끼던 아들마저 등을 돌리자, 헨리 2세는 깊은 상심에 빠졌고 결국 그해 사망하게 된다. 이로써 헨리 2세와 리처드 사이의 오랜 갈등은 리처드의 승리로 막을 내리게 되었다.

헨리 2세의 사망 후, 리처드는 잉글랜드의 새로운 왕으로 즉위하게 된다. 그는 잉글랜드 왕위뿐만 아니라 노르망디 공작과 아키텐 공작의 지위도 함께 계승했다. 영국과 프랑스에 걸친 광대한 영토를 통치하는 강력한 군주로 부상하게 된 것이다.

십자군 전쟁에 뛰어든 사자

그런데 당시 유럽은 종교와 정치가 복잡하게 얽힌 격동의 시기를 겪고 있었다. 1095년, 교황 우르바누스 2세가 클레르몽 공의회에서 십자군 원정을 선포한 것은 단순한 종교적 열정 이상의 의미를 지니고 있었다. 이는 셀주크 튀르크의 비잔티움 제국 침공이라는 외부적 위협과 교황청의 세력 확장이라는 내부적 욕구가 맞물린 결과였다.

십자군 원정의 근간에는 '카노사의 굴욕'이라는 중요한 사건이 자리 잡고 있다. 1076년, 신성 로마 제국의 황제 하인리히 4세가 교황 그레고리우스 7세에게 굴복한 이 사건은 교황권의 급격한 상승을 초래했다. 이후 1122년 보름스 협약으로 교황의 성직자 임명권이 공식적으로 인정되면서, 교황의 권위는 서유럽 전역에서 절대적인 것이 되었다.

우르바누스 2세의 십자군 원정 선포는 단순히 성지 회복을 위한 종교적 운동을 넘어, 교황청의 영향력을 동방까지 확장하려는 정치적 전략이기도 했다. 비잔티움 제국 황제의 지원 요청은 우르바누스 2세에게 동서 교회 통합의 기회로 비춰지고, 이는 로마 교황청의 세력 확대라는 큰 그림의 일부였던 것이다.

1096년, 첫 번째 십자군이 팔레스타인을 향해 출발했다. 시리아 지방에 4개의 라틴 왕국을 건설하는 성과를 거두었지만, 이는 곧 무슬림 세력의 반격을 불러일으켰다. 2차 십자군 원정은 프랑스의 루이 7세와 신성 로마 제국의 콘라드 3세가 주도하여 이루어졌지만, 큰 성과를 거두지 못했다.

이 시기 무슬림 진영에서는 살라흐 앗 딘, 일명 살라딘이라 불리는 탁월한 지도자가 등장했다. 그는 1187년 히틴 전투에서 십자군을 대파하고 예루살렘을 점령함으로써 십자군의 존재 이유에 큰 타격을 주었다.

잉글랜드 왕이자 노르망디-아키텐 공작에 취임한 리처드 1세가 3차 십자군 원정을 결심했던 상황이 바로 이 시기였다. 리처드 1세의 십자군 참전은 개인적 배경과 시대적 요구가 맞물린 결과였다. 기사도 문학을 사랑했던 그의 어머니 엘레오노르의 영향과 함께 뛰어난 기사로서 강력한 라이벌 살라딘과 겨뤄보고 싶다는 욕망이 십자군 원정에 대한 그 자신의 열망이 결합되었던 것이다. 그는 결국 성지회복이라는 대의명분 아래 동방을 향해 나아가게 된다.

미완으로 남은 십자군 원정

히틴 전투 이후 살라딘은 신중한 전략을 펼쳤다. 그는 무리한 전투를 피하면서도 잃어버린 영토를 되찾고자 노력했다. 유럽의 십자군 지도자들과 달리, 살라딘은 관용 정책을 통해 적을 회유하는 독특한 접근법을 취했다. 이러한 전략은 십자군의 잔인함과 대비되어 더 많은 지지를 얻는 데 기여했다.

그러나 살라딘의 정책은 예상치 못한 결과를 낳았다. 석방된 십자군 병사들이 티루스성에 집결하면서 새로운 위협이 형성된 것이다. 이 시기 예루살렘 왕국은 히틴 전투의 패배로 와해 된 상태였지만, 당시 예루살렘 왕국의 공동 왕이었던 기 드 뤼지냥과 티루스성의 코라도를 중심으로 한 십자군 세력이 아크레성을 공략하며 반격을 시도했다. 이러한 상황 변화는 중동 지역의 세력 균형에 큰 영향을 미쳤다. 살라딘이 즉각 성의 방어에 나섰고, 제3차 십자군 전쟁의 주요 전투로 발전한 것이다.

아크레 전투는 유럽의 주요 군주들이 참전하면서 새로운 국면을 맞이했다. 영국의 리처드 1세, 프랑스의 필리프 2세, 신성 로마 제국의 프리드리히 1세가 이끄는 대규모 십자군이 도착한 것이다. 그러나 프리드리히 1세의 갑작스러운 사망과 예루살렘 왕국 시빌라 여왕의 죽음은 십자군 진영에 큰 타격을 주었다. 게다가 코라도 또한 이미 티루스성으로 돌아간 상태였다.

이러한 위기 상황에서 리처드 1세의 역할이 두드러졌다. 그는 사기가 저하된 십자군을 독려하며 전투를 이끌었고, 살라딘의 보급 부대를 격파하고 아크레 성에 입성하는 군사적 성과를 거두었다. 특히 리처드 1세가 도입한 신예 무기인 투석기는 아크레 성 공략에 결정적인 역할을 했다.

아크레성의 함락은 십자군에게 중요한 승리였지만, 동시에 내부 갈등의 씨앗이 되었다. 특히 오스트리아의 레오폴트 공작과 리처드 1세 사이의 갈등은 후에 더 큰 문제로 발전했다. 당시 아크레성을 함께 공략했던 오스트리아의 레오폴트 공작이 성 함락을 눈앞에 둔 순간 자신의 깃발을 그곳에 꽂았는데, 이것이 리처드 1세와 필리프 2세의 분노를 불러왔다. 이 일로 인해 레오폴트 공작은 리처드 1세에게 모욕을 당했고, 이것은 훗날 크나큰 나비효과를 불러오게 된다.

전투 이후 리처드 1세는 예루살렘 탈환을 목표로 했지만, 본국의 정치적 위기로 인해 어려움을 겪었다. 막냇동생이었던 존이 필리프 2세와 짜고 자신의 왕위를 노린다는 소식이 들려온 것이다. 결국 1192년 살라딘과 십자군은 라믈라 협정을 통해 3년간의 휴전에 합의했다. 이 협정은 크리스트교도들의 예루살렘 순례를 보장하고, 십자군의 점령 지역을 인정하는 등 양측의 타협을 반영했다. 이제 리처드 1세는 본국으로 돌아가야 할 때였다.

'기사'다운 죽음을 맞이한 왕

하지만 일은 뜻대로 풀리지 않았다. 귀환 도중 배가 난파한 것이다. 그는 공교롭게도 오스트리아의 레오폴트 공작에게 포로로 잡혔다. 아크레성 공략 시 모욕을 당했다고 여긴 레오폴트 공작은 리처드 1세를 포로로 취급했고, 결국 어머니 엘레오노르의 노력으로 마련한 막대한 몸값을 내주며 1194년에야 풀려날 수 있었다. 참고로 몸값을 마련하는 과정에서 과세가 늘어났고, 이 부분이 리처드 1세가 사후 평가를 박하게 받는 요인으로 평가받기도 한다.

빼앗겼던 잉글랜드 왕위를 회복한 리처드 1세는 1199년 프랑스 내 리모주 자작의 샬뤼 성을 공략하던 석궁을 맞아 후유증으로 사망한다. 그의 나이 42세였다. 사자의 심장을 가졌다고 일컬어졌던 그의 명성에 비교해 보면 다소 허망한 죽음이다.

리처드 1세는 중세 유럽을 대표하는 기사였다. 기사에게 최고의 덕목은 무용이다. 그에게 영광은 전투 현장에서 얻을 수 있는 것이었고, 예루살렘 공략이 자신의 기사도를 문학이 아닌 역사로 남길 기회라고 생각했다. 그래서 그는 자신이 옳다고 여기는 분야에만 몰두했다.

그는 큰 산이나 다름없는 아버지 헨리 2세로부터 힘으로 왕위를 얻어낸 사람이었다. 자신의 적을 아군으로 끌어들이거나 아군을 조금 더 가까운 정치적 파트너로 양성할 수 있는 노련함을 갖추지 못한 채 왕위에 올랐다. 그리고 그는 자신의 욕망을 끝내 모두 펼치지 못한 채, 자신이 가장 좋아했던 전투 현장에서 죽었다. 정말로 '그답게' 생을 마친 것이다.

프로파일링 보고서

하고 싶은 것 마음껏 하고 살다 간 소꿉놀이 기사

인생의 선택은 때로 우리의 통제를 벗어난다. 설령 금수저로 태어났다고 해도 모든 것을 마음대로 할 수 있는 것은 아니다. 이는 영국의 왕 리처드 1세의 삶을 통해 잘 드러난다. '사자왕'이라는 별명으로 더 유명한 리처드 1세는 왕좌보다는 전장을 더 사랑했던 독특한 통치자였다. 그의 삶은 타고난 지위와 개인적 열망 사이의 긴장을 보여주는 흥미로운 사례다.

리처드 1세는 전통적인 왕의 모습과는 거리가 멀었다. 그는 왕관보다 칼과 방패를 들고 직접 전투에 참여하는 것을 선호했다. 이는 당시로서 매우 위험한 선택이었다. 왕의 생명은 곧 왕국의 안정과 직결되기 때문이다. 그럼에도 리처드는 끊임없이 전장을 찾아 나섰다.

리처드 1세의 이러한 성향은 그의 가족 관계와 깊은 연관이 있을 것으로 분석된다. 오이디푸스 콤플렉스의 관점에서 볼 때, 그의 행동은 복잡한 가족 역학의 결과로 해석될 수 있다. 강력한 어머니와 갈등 관계에 있는 아버지, 그리고 경쟁 관계에 있는 형제들 사이에서 리처드는 자신만의 정체성을 찾고자 했을 것이다. 이러한 심리적 갈등은 그를 현실의 왕국에서 벗어나 이상적인 기사의 세계로 이끌었을 가능성이 크다.

리처드 1세의 삶은 마치 기사도 문학의 한 장면을 그대로 옮겨놓은 듯했다. 그는 엄청난 상속 재산을 바탕으로 자신이 동경하던 영웅의 삶을 현실에서 구현할 수 있었다. 악당으로부터 공주를 구하고, 이교도로부터 성지를 해방하는 등의 영웅담을 단순히 듣는 것에 그치지 않고 직접 체험할 수 있었다. 이는 기사들에게 불가능한, 오직 리처드와 같은 특별한 지위에 있는 이들만이 누릴 수 있는 특권이었다.

그러나 리처드의 이러한 '영웅 놀이'는 단순한 즐거움 이상의 의미를 지녔을 것이다. 전장에서의 삶은 그에게 복잡한 가족 관계로부터 도피할 수 있는 수단이었을 가능성이 크다. 왕관은 그에게 이러한 '놀이'를 할 수 있는 자격증과 같았고, 왕국이나 영토는 그 놀이를 위해 지불해야 하는 대가였다.

그렇다면 그에게 사명 같은 것이 있었을까? 이를테면 성지회복이라는 세상 사람들이 고귀하게 여기는 가치 말이다. 사실 리처드 1세의 행동을 단순히 성지 회복이라는 고귀한 사명으로만 해석하기는 어렵다. 그의 행동 이면에는 더 깊은 개인적 동기가 있었을 것이다. 대부분이 놀이에 진심인 경우, 세상의 가치보다는 자신의 평가를 더 중요하게 여기는 경향이 있다. 물론 리처드 역시 이와 다르지 않았을 것이다.

그의 전쟁에 대한 열정과 몰입은 주변 사람들로 하여금 그의 진정한 동기를 파악하기 어렵게 만들었을 것이다. 리처드는 전쟁이라는 놀이에 완전히 몰입했고, 이는 그를 탁월한 장군이자 기사로 만들었다. 이러한 모습은 마케도니아의 알렉산더와도 유사한 점이 있다. 둘 다 전쟁을 통해 자아를 실현하고, 개인적인 영웅 서사를 만들어 갔다는 점에서 말이다.

그러나 리처드의 이러한 '영웅 놀이'는 귀환 도중 겪은 난파와 포로 경험으로 인해 큰 타격을 받게 된다. 특히 자신이 보호하고자 했던 모친으로부터 몸값을 빚지게 된 사건은 그에게 큰 절망감을 안겨주었다. 이는 그가 그토록 벗어나고 싶어 했던 현실에 다시 갇히게 된 것과 같은 경험이었을 것이다.

레오폴트 공작으로부터 풀려난 뒤, 리처드는 동생 존으로부터 왕위를 회복했지만 그의 내면은 이미 깊은 상처를 입은 상태였다. 그가 다시 가장 위험한 전장으로 향한 것은 이러한 내면의 절망감을 반영하는 행동이었을 가능성이 크다. 이는 단순한 자살 행동이라기보다는, 자신의 정체성과 존재 가치에 대한 깊은 회의를 나타내는 것으로 볼 수 있다.

리처드에게 있어 전장은 더 이상 영웅담의 무대가 아니었을 것이다. 오히려 그것은 그가 그토록 벗어나고 싶어 했던 현실로부터의 최후의 도피처였을 수 있다. 이는 그가 자신의 영웅 서사와 현실 사이의 괴리를 극복하지 못한 채, 마지막까지 내면의 갈등 속에서 살아갔음을 시사한다.

그렇다면 그는 무의미하거나 불행한 삶을 살다 간 것일까? 서양 중세사에서 사자왕 리처드 1세처럼 세상 사람들에게 들려줄 많은 이야기 재료를 가진 왕도 흔치 않다. 그럼 된 것이 아닌가? 그는 자신이 원했던 것처럼 이야기 속의 주인공으로 영원히 살고 있으니 말이다.

금쪽이의 이면에 가려진 이야기, 네로

네로 황제에 대한 인식은 대부분 부정적이다. 어머니를 살해한 패륜아, 로마 시민들을 가혹하게 착취한 폭군, 그리고 스승 세네카의 충고를 무시하고 무자비하게 권력을 휘두른 부도덕한 통치자로 알려져 있다. 이러한 이미지는 오랜 세월 역사책과 대중문화 등을 통해 굳어져 왔다.

네로의 이미지는 종종 다른 나라의 악명 높은 통치자들과 비교되기도 한다. 예를 들어, 조선의 연산군과 네로는 여러 면에서 유사점을 보인다. 두 통치자 모두 최고의 권력을 누리면서

도덕적으로 지탄받을 행위를 저질렀고, 결국 비참한 최후를 맞이했다. 이러한 비교는 네로의 부정적 이미지를 더욱 강화하는 역할을 한다.

네로의 행적은 엄연한 역사적 사실이기에 그것을 부정할 수는 없다. 그러나 그럼에도 우리가 간과하고 있는 측면이 있다. 바로 네로의 삶에서 그뿐만 아니라 그를 감싸고 있었던 주변 '환경'이 어떠했는가를 함께 보아야 함에도 그동안 네로의 인간적 결함에만 집중하지 않았나 하는 점이다. 주지하듯이, 로마 제정 시기 권력 행사의 출발점은 황제이다. 그것은 다시 말하면 생물학적 존재로서 네로와 그를 둘러싼 가족 및 사제 관계, 관료들과의 정치적 관계 등이 함께 다뤄져야 한다는 이야기이다.

네로가 통치하던 시기는 로마의 제정 초기에 해당한다. 이는 아우구스투스가 확립한 프린켑스 체제가 아직 완전히 정착되지 않은 시기였음을 의미한다. 프린켑스는 앞서 아우구스투스 편에서 살펴본 것처럼 '제1시민'이라는 뜻이다. 이는 공화정의 전통을 유지하면서도 사실상 황제의 권력을 행사하는 독특한 통치 형태였다.

이 시기에는 수백 년 로마의 정치를 주도해 온 원로원의 영향력이 여전히 강했다. 또한 당시의 로마 시민들은 프린켑스를 오늘날 우리가 이해하는 전제 군주의 개념으로 받아들이지 않았다. 이는 우리가 흔히 가정하는 '전제 군주로서의 로마 황제'라는 개념이 네로의 시대에는 적용되기 어려웠을 수 있다는 점을 시사한다. 따라서 네로의 통치를 이해하기 위해서는 당시의 정치 구조, 사회적 기대, 그리고 권력의 균형 관계 등을 종합적으로 고려해야 한다. 이러한 인식을 바탕으로 네로 황제의 '일탈 배경'에 조금 더 초점을 맞춰 이야기를 나눠보자.

혈통과 투쟁으로 연 황제의 길

로마 제국의 역사는 권력과 음모, 그리고 복잡한 가족 관계로 얽혀있다. 특히 네로 황제의 가계는 로마 제정의 시초인 아우구스투스 황제로부터 시작된다. 아우구스투스는 네로의 고조할아버지였으며, 당시 로마 시민들 사이에서 큰 인기를 얻고 있던 장군 게르마니쿠스는 네로의 외할아버지였다.

 아우구스투스 황제는 후계자 문제로 고민했다. 아들이 없었던 그는 딸 율리아를 충직한 부하였던 티베리우스와 결혼시켜 제위를 잇고자 했다. 그러나 이 과정에서 티베리우스의 조카인 게르마니쿠스에 대한 견제가 시작되었고, 결국 게르마니쿠스는 의문의 병으로 사망하게 된다. 이후 게르마니쿠스의 가족은 외딴섬으로 유배를 당하는 비극을 맞이한다.

이러한 정치적 격변은 로마 제국의 권력 구조가 얼마나 불안정하고 복잡했는지를 보여준다. 아우구스투스의 후계자 선정 과정에서 비롯된 갈등은 결국 게르마니쿠스의 죽음과 가족의 유배로 이어졌다. 이는 로마 제국의 정치가 혈연관계와 권력욕에 의해 얼마나 크게 좌우되었는지를 단적으로 보여주는 사례라고 할 수 있다.

게르마니쿠스의 가족이 겪은 비극 속에서 그의 딸 아그리피나와 아들 가이우스만이 살아남았다. 특히 가이우스는 훗날 티베리우스의 뒤를 이어 황제 즉위를 하게 되는데, 이 인물이 바로 네로의 외삼촌인 칼리굴라 황제이다. 네로는 칼리굴라가 즉위하던 해에 태어났다. 본명은 루키우스 도미티우스 아헤노바르부스였다.

네로의 어린 시절은 황실 내부의 권력 투쟁으로 인해 불안정했다. 그의 모친 아그리피나와 외삼촌 칼리굴라는 점차 정치적으로 대립하게 되었고, 결국 아그리피나는 역모 혐의가 밝혀져 유배당하게 된다. 이로 인해 어린 네로는 고모인 도미티아 레피다에 의해 양육되었다.

칼리굴라의 사망 이후, 네로의 숙부인 클라우디우스가 황제로 즉위한다. 이 시기에 아그리피나는 유배에서 풀려나 정치적 복귀를 시도했다. 특히 그녀는 원로원 의원인 크리스푸스 파시에누스와 재혼하며 정치적 영향력을 키워갔다.

한편, 클라우디우스의 황후 메살리나는 아들 브리타니쿠스를 다음 황제로 만들기 위해 노력하고 있었다. 하지만 메살리나의 계획은 결국 실패로 끝나고, 그녀는 스스로 목숨을 끊게 된다. 이후 클라우디우스는 아그리피나와 재혼하게 되는데, 이는 황실 재정감 팔라스의 권유에 따른 것이었다. 이로써 네로는 클라우디우스의 뒤를 이어 황제 자리에 오를 수 있는 위치에 서게 된다.

네로의 황위 계승 가능성은 그의 어머니 아그리피나의 가계, 특히 아우구스투스의 직계 혈통이라는 점이 결정적인 역할을 했다. 이는 로마 제국에서 혈통이 얼마나 중요한 요소였는지를 잘 보여준다. 아그리피나의 정치적 수완과 혈통의 힘이 결합 되어 '황제' 네로의 길을 열어준 것이다.

아들을 황제로 '만든' 어머니

네로의 어머니인 아그리피나의 어린 시절은 비극과 불신으로 가득 차 있었다. 부모인 게르마니쿠스와 아그리피나의 죽음 뒤에 황제 티베리우스가 있었다는 사실은 그녀의 마음에 깊은 상처를 남겼다. 이러한 경험은 아그리피나에게 권력의 중요성을 절실히 깨닫게 했고, 그녀의 이후 행동의 근본적인 동기가 되었다. 그녀에게 권력 추구는 단순한 야망을 넘어, 생존을 위한 필수적인 전략인 것이다.

아그리피나의 정치적 수완은 오빠 칼리굴라와의 권력 투쟁을 통해 더욱 날카롭게 다듬어졌다. 그녀는 네로의 미래를 위해 전략적인 행보를 시작했다. 유명 수사학자이자 철학자인 세네카를 네로의 스승으로 초빙하여 교육을 감독하게 했고, 클라우디우스와 메살리나의 딸인 옥타비아를 네로의 미래 아내로 선택했다. 기원후 50년, 네로가 클라우디우스의 양자로 입적되면서 그녀의 계획은 한 걸음 더 나아갔다. 클라우디우스 황제가 죽으면 아들 네로가 다음 로마 황제로 등극하는 일만 남은 것이었다.

그러나 아그리피나의 권력욕은 여기서 멈추지 않았다. 그녀는 옥타비아누스와 티베리우스 시정에 성행한 반역 재판을 부활시켜 잠재적 위협을 제거하기 시작했다. 이 과정에서 네로의 양육자였던 고모 도미티아 레피다까지 희생되었고, 네로는 어머니의 강압으로 친엄마나 다름없었던 레피다를 모함하는 증언을 해야 했다. 여기서 네로는 아그리피나를 엄마로 느꼈을까. 아니면 정적으로 인식하게 되었을까.

아그리피나는 인간을 믿을 수 없다고 생각했다. 그리고 그 의심의 끝에는 클라우디우스가 있었다. 재혼했지만 아그리피나는 클라우디우스조차 믿을 수 없었다. 클라우디우스는 독살당한다. 아그리피나가 독살의 주체였는지에 대해서는 당대의 기록도 엇갈린다. 하지만 엇갈린 기록자들이 공유하는 사실이 있다. 클라우디우스는 절대로 자연사가 아니라는 점이다.

이제 아그리피나는 아들 네로를 로마의 황제로 즉위시킨다. 그녀는 황제는 비록 네로이지만, 실질적인 권력은 자신이 누릴 것이라 생각했다. 그러나 네로는 클라우디우스가 아니었다.

어머니의 목을 친 꼭두각시 황제

기원후 54년, 네로는 로마의 새로운 황제로 즉위했다. 그의 즉위 과정은 당시 로마 제국의 복잡한 정치 구조를 여실히 보여준다. 친위대장 부루스를 비롯한 신하들의 영접 하에 황제 자리에 오른 네로는 즉시 권력 기반 강화에 나섰다. 그의 첫 행보는 친위대 방문이었는데, 이는 당시 로마에서 군사력이 갖는 중요성을 잘 보여준다.

초기 로마 제정에서 친위대의 역할은 단순한 군사 조직을 넘어섰다. 그들은 황제의 권력을 상징하는 동시에 그의 생명을 보장하는 존재였다. 네로는 이러한 친위대의 중요성을 정확히 인지하고 있었고, 그들에게 신임을 보이는 것이 자신의 통치를 공고히 하는 데 필수적임을 알고 있었다.

네로의 초기 통치 전략은 안정화에 초점을 맞춰져 있었다. 그는 즉위 후 역모 재판을 중지시키고 친부 도미티우스를 기리는 조상 건립을 원로원에 요청했다. 클라우디우스의 갑작스러운 죽음으로 동요하는 로마 정계를 안정시키려는 의도였다. 이러한 조치들은 네로가 초기에 정치적 안정과 지지 기반 확보에 주력했음을 보여준다.

네로의 즉위 이후, 그의 어머니 아그리피나는 아들과의 공동 통치를 꿈꿨다. 그러나 이러한 시도는 네로의 스승 세네카와 친위대장 부루스에 의해 좌절된다. 로마 사회에서 여성의 직접적인 정치 참여는 불가능했기 때문이다. 이는 네로와 아그리피나 사이 갈등의 시작점이 되었다.

세네카는 네로의 성향을 잘 알고 있었다. 그는 네로가 정무보다는 예술 분야에 관심이 많다는 것을 파악하고, 이를 이용해 네로를 정치적으로 방임했다. 특히 네로가 악테라는 정부와 사랑에 빠졌을 때, 세네카는 이를 묵인함으로써 네로의 신뢰를 얻고자 했다.

이러한 상황은 아그리피나와 네로 사이의 갈등을 더욱 심화시켰다. 아그리피나는 네로의 행동이 클라우디우스의 딸 옥타비아와의 관계를 해칠 것을 우려했다. 실제로 네로는 악테와의 관계를 유지하기 위해 옥타비아와의 이혼을 추진하게 된다. 이는 혈통을 중시하는 로마 사회에서 네로의 권력 기반을 약화하는 요인이 되었다.

네로와 아그리피나의 관계는 점차 악화되었다. 네로에게 아그리피나는 단순히 자신을 낳아준 어머니 이상의 의미를 갖기 어려웠다. 오히려 아그리피나는 네로의 치세에서 정적으로 여겨졌다. 세네카와 부루스는 아그리피나의 정치적 영향력을 약화하는 데 주력했다.

기원후 59년, 상황은 극단으로 치닫게 된다. 네로가 옥타비아와의 이혼을 반대하는 아그리피나를 제거하기 위한 음모를 준비한 것이다. 그에 앞서 아그리피나는 악테와 사랑으로 인해 정신을 못 차리고 있던 네로를 자극하기 위해 클라우디우스의 셋째 아내인 메살리나의 아들 브리타니쿠스를 다음 제위 후보자로 암시하기도 했다. 이러한 조치는 오히려 네로의 분노만 키우는 꼴이 되고 말았다. 다시 말해, 네로가 어머니를 정적으로 규정하게 된 것이다.

네로는 아그리피나를 만찬에 초청했다. 그리고 그녀가 탑승한 배를 일부러 침몰시켜 버렸다. 그러나 아그리피나는 배에서 탈출해 구사일생으로 살아남았다. 놀란 네로는 세네카와 부루스의 조언을 받아들여 미세눔의 장교들로 하여금 아그리피나를 살해하게 한다.

권력을 잡은 황제의 몰락

네로는 어머니 아그리피나의 죽음과 옥타비아와의 이혼 이후 본격적인 독자적 통치를 시작했다. 그의 정치 스타일은 고조할아버지인 옥타비아누스와 유사한 면모를 보였는데, 특히 공공 행사와 건설 사업에 막대한 재정을 투입했다. 유베날리아 축제와 네로 축제의 창설, 황금궁전의 건립 등이 대표적 사례이다. 기원후 64년 로마 대화재 이후에는 '도시 건물 양식에 대한 네로의 법'을 제정하여 로마의 재건에 착수했다.

그러나 이러한 대규모 지출은 양면성을 지녔다. 로마 시민들에게는 환영받았을지 모르나, 원로원의 상당한 반대에 부딪혔다. 게다가 로마 대화재를 둘러싼 끊임없는 소문은 네로에 대한 부정적 인식을 확산시켰다. 황제가 대화재를 보며 노래를 불렀다는 소문이 널리 유포되며 그의 지지 기반이 크게 약화했다.

네로는 적대적인 여론을 무마하기 위해 크리스트교도들을 대화재의 배후로 지목하여 탄압하는 방식으로 대응했다. 당시 로마의 다신교 문화와 대비되는 크리스트교의 유일신 신앙과 선민의식은 로마인들에게 이질적으로 받아들여졌고, 네로는 이를 정치적으로 이용했다. 이는 후대 크리스트교가 유럽의 주류 종교가 된 뒤, 네로에 대한 부정적 평가가 더 크게 확산한 계기가 되었다.

네로 통치의 위기는 내부에서부터 시작되었다. 아그리피나 사후 세네카와 부루스의 후원으로 유지되던 네로의 통치 체제는 부루스의 죽음과 세네카의 은퇴로 인해 중요한 정치적 후원자를 잃은 상태였다. 이는 네로 정권의 안정성이 크게 약화하는 요인이 되었다.

기원후 65년, 칼푸르니우스 피소가 주도한 반역 음모는 원로원 중심의 사건으로, 네로와 귀족 세력 간의 갈등을 전면화시켰다. 이에 대응하여 네로는 66년에 로마인들에게 명성이 높았던 코르불로 장군과 게르마니아 속주를 다스리던 스크리보니우스 형제를 제거하는 등 강경책을 펼쳤다. 그러나 이러한 조치는 오히려 로마군의 네로에 대한 신뢰를 크게 떨어뜨리는 결과를 낳았다. 군부의 지지 상실은 네로 정권의 붕괴를 가속화되는 결정적 요인이 되었다.

갈리아 지방에서 시작된 반란은 로마 제국 전체로 확산되었다. 갈리아의 반란은 진압되었으나, 히스파니아의 총독이었던 갈바가 네로를 대신할 것을 선언하며 은사금 지급을 약속하면서 상황은 급변했다. 이미 로마군의 충성을 잃은 네로는 망명을 시도했으나 실패하고, 결국 "죽다니! 나같이 위대한 예술가가!"라는 유명한 말을 남기며 노예의 칼에 목숨을 잃었다. 율리우스-클라우디우스 왕조 마지막 황제의 비극적 최후를 상징적으로 보여주는 장면이었다.

폭군에게 필요했던 '진짜' 능력

네로 황제의 삶은 오랫동안 역사가들에 의해 반면교사로 활용되었다. 그의 통치 기간 동안 일어난 여러 가지 패륜적 행위들은 분명 부인할 수 없는 사실이다. 그러나 이러한 평가에는 중요한 맥락이 간과되고 있다. 네로를 황제로 옹립한 후원자들의 정치적 의도와 당시 로마의 복잡한 권력 구조를 함께 고려해야 한다. 이를 통해 우리는 네로의 통치를 보다 균형 잡힌 시각으로 바라볼 수 있다.

로마 제국의 권력 승계 체계는 동아시아의 전통과는 상당한 차이를 보인다. 동아시아에서는 부자 상속에 기반한 전제 군주정이 강력한 전통으로 자리 잡았다. 반면 로마는 혈통을 중시하는 점에서는 유사했지만, 왕위 상속의 안정성 측면에서는 큰 차이를 보였다. 로마에서는 황제의 자리가 항상 불안정했으며, 이는 정치적 음모와 권력 투쟁의 원인이 되었다.

이러한 맥락에서 네로의 통치를 바라보면, 그의 행위가 단순히 개인의 성격이나 도덕성의 문제만은 아니었음을 알 수 있다. 그의 통치는 로마의 불안정한 권력 구조와 그를 지지했던 세력들의 이해관계가 복잡하게 얽힌 결과물이었다. 따라서 네로의 삶을 평가할 때는 개인의 행위뿐만 아니라 당시의 정치적, 사회적 맥락을 함께 고려해야 한다.

그럼에도 네로가 자신에게 주어진 권력의 속성을 다소 교만하게 인식했다는 점 또한 지울 수 없다. 그는 어머니 아그리피나를 미워했다. 하지만 그에게 필요했던 건 복수와 투쟁심이 아닌, 그녀보다 더 뛰어난 통치력과 정치력이 아니었을까.

프로파일링 보고서

권력의 빚을 지고 채권상환만 하다 쓰러진 황제

중국 명나라는 그 시작부터 권력 승계의 딜레마에 직면했다. 초대 황제 주원장은 후계자를 위해 잠재적 경쟁자들을 무자비하게 제거하는 전략을 선택했다. 이는 단기적으로는 효과적일 수 있었지만, 장기적으로 왕조의 근간을 흔드는 결과를 초래했다. 과도한 숙청으로 인해 명나라는 외적의 위협에 대응할 수 있는 유능한 장수들을 잃게 되었고, 결과적으로 '무력한 왕조'라는 오명을 얻게 되었다.

이러한 명나라의 사례는 '권력의 빚'이라는 개념을 잘 보여준다. 권력의 빚은 왕조의 창업자가 권력 획득 과정에서 주변 인물들에게 지게 되는 일종의 부채를 의미한다. 대업을 이루는 과정에서 혼자의 힘만으로는 불가능하기에 필연적으로 누군가에게 빚을 지게 되는 것이다. 이 빚은 단순히 물질적인 것이 아니라 정치적 영향력, 지위, 또는 미래의 약속 등 다양한 형태로 존재한다.

권력의 빚을 해결하는 방식은 왕조마다 다양했다. 고려의 왕건은 정략결혼이라는 독특한 방식을 택했지만, 이 역시 빚을 완전히 해결하기보다는 그 형태를 바꾸는 데 그쳤다. 결국 이러한 빚은 후대에 왕권 쟁탈전이라는 형태로 되돌아왔다. 오스만 제국의 경우, 차기 황제의 경쟁자인 형제들을 합법적으로 제거하는 극단적인 방법을 택했다. 그러나 이러한 방식들이 항상 성공적이었던 것은 아니다. 역사상 단명한 왕조들은 대부분 이 균형을 잡는 데 실패한 사례로 볼 수 있다.

로마 제국의 권력 승계 방식은 아시아의 절대 왕조와는 다소 차이가 있다. 표면적으로는 혈연적 승계가 느슨해 보이지만, 실제로는 직계 자손이 없는 경우 딸을 통한 외손자 계승 등 다양한 방식으로 혈연 계승이 이루어졌다. 특히 초기 제정 로마 때는 비슷한 수준의 계승권을 가진 집단 내에서의 무한 경쟁이 이루어졌다. 이러한 시스템은 한편으로 다양한 인재를 발굴할 기회를 제공했지만, 동시에 끊임없는 권력 다툼과 불안정을 초래했다. 네로 황제의 사례는 이러한 로마 제국 권력 구조의 복잡성과 불안정성을 잘 보여준다.

네로의 재위 기간은 지속적인 불안과 긴장의 연속이었다. 자신보다 혈연적으로 아우구스투스와 더 가까운 인물들의 존재는 네로에게 끊임없는 위협이 되었다. 더욱이 그를 황제로 만든 모친과 측근들조차 신뢰하기 어려운 상황이 계속되었다. 결국 네로는 자신을 옹립한 세력들과 대립하게 되었고, 보위해야 할 장군들마저 숙청의 대상으로 삼는 비극적인 결말을 맞이했다.

네로 황제는 흔히 '폭군'으로 알려졌지만 그의 삶과 행동을 더 깊이 들여다보면 단순한 악인이 아닌 복잡한 인물상이 드러난다. 그의 어린 시절부터 이어진 불안정한 환경과 권력 투쟁의 소용돌이는 깊은 트라우마를 남겼을 것이다. 이러한 심리적 불안정은 그의 통치 스타일에 큰 영향을 미쳤을 가능성이 높다. 네로의 예술적 감수성과 결합한 이러한 심리적 요인들은 그의 판단력을 흐리게 하고, 때로는 파멸적인 결정으로 이어졌을 수 있다.

네로의 황제 즉위 과정을 살펴보면 그것이 순수한 능력이나 자격에 의한 것이 아니라는 점이 드러난다. 그의 모친 아그리피나의 강력한 권력욕과 생존 전략이 네로를 황제의 자리에 올려놓았다. 이로 인해 네로는 황제로서 역할에 대한 준비가 부족했을 뿐 아니라, 끊임없는 불안과 위협 속에서 통치해야 했다. 이러한 배경은 그가 진정한 의미의 정치, 즉 로마와 로마 시민을 위한 정책을 펼치기보다는 자신의 생존과 권력 유지에 집중할 수밖에 없게 만들었다.

이러한 맥락에서 볼 때, 네로의 모친 살해 혐의는 단순한 패륜이 아닌 복잡한 정치적 갈등의 결과로 해석될 수 있다. 물론 그렇다고 이것이 그의 행위를 정당화할 수 있는 것은 아니지만 당시의 정치적 현실과 권력 구조를 고려할 때 이는 생존을 위한 극단적 선택이었을 수 있다.

네로의 통치 동안 그가 보여준 행동들, 특히 정적 숙청과 인기영합적 정책도 이러한 맥락에서 이해될 수 있다. 그것이 단순한 악의나 폭정의 결과라기보다는 복잡한 정치적 현실과 개인적 불안의 산물이었다고 볼 수 있다는 말이다. 네로의 사례는 권력의 본질과 그것이 개인에게 미치는 영향, 그리고 역사적 평가의 복잡성을 보여주는 중요한 예시다.

한편, 네로의 크리스트교도 탄압 문제도 더욱 신중한 해석이 필요하다. 당시 로마의 다신교적 전통과 관용 정책에 비해, 유일신을 믿고 선민의식을 가진 크리스트교는 사회적 불안 요소로 인식되기 쉬웠다. 이는 네로 개인의 문제라기보다는 당시 로마 사회의 구조적 문제였으며, 다른 황제들 역시 유사한 대응을 했을 가능성이 높다. 따라서 종교 갈등에 대한 책임을 네로 개인에게만 돌리는 것은 역사적 맥락을 고려하지 않은 편향된 시각일 수 있다.

네로는 위대한 황제는 아니었다. 그러나 로마 시민을 위한 좋은 정치는 하고 싶었을 수도 있다. 그렇지만 그가 가진 부채는 그에게 그런 자유를 허락하지 않았다. 세상에 어찌 성공한 황제나 왕만 있겠는가? 네로가 의미를 가지는 것은 그가 성공했기 때문이 아니라, 그의 삶이 여전히 우리에게 많은 교훈을 남기기 때문일 것이다.

제3장

역사를 만든 여성들

백년전쟁의 영웅, 잔 다르크

14세기 초반부터 15세기 중반까지 이어진 백년전쟁은 프랑스와 잉글랜드 간의 복잡한 왕위 계승 문제로 촉발되었다. 이 장기간의 갈등 속에서 프랑스는 심각한 위기에 직면했고, 이때 한 어린 소녀가 역사의 무대에 등장한다. 잔 다르크(1412-1431)는 백년전쟁 말기에 등장해 프랑스를 위기에서 구한 인물로 알려져 있다. 당시 10대 소녀였던 그녀가 중장기병들을 상대로 승리를 이끌었다는 사실은 놀랍지만, 양국의 공식 기록에 그 흔적이 남아있어 역사적 사실로 인정받고 있다.

잔 다르크의 가장 큰 업적은 오를레앙 공방전에서의 승리와 샤를 7세의 즉위를 도운 것이다. 이러한 공로로 인해 그녀는 프랑스의 개국공신과 같은 존재가 되었다. 그러나 영광은 오래가지 못했다. 공방전 승리 이후 불과 2년 만인 1431년, 잔 다르크는 포로로 잡혀 화형에 처하는 비극적인 최후를 맞이하게 되었기 때문이다.

잔 다르크의 활약은 당시 프랑스 내부의 복잡한 정치적 상황을 반영한다. 백년전쟁은 단순히 프랑스와 잉글랜드의 대립이 아닌, 프랑스 내부의 영주들 사이에서도 잉글랜드 파와 프랑스 파로 나뉘어 전개되었다. 이는 당시 유럽 왕실 간의 복잡한 혼인 관계와 그로 인한 이해관계의 얽힘을 보여주는 단면이라고 할 수 있다.

잔 다르크의 실제 공적은 오를레앙 공방전 승리와 샤를 7세 즉위 지원에 국한된다. 그러나 그녀의 영향력은 사후에 더욱 확대되어 해석되었다. 이는 당시 프랑스의 정치 체제가 중앙집권화되지 않았던 상황과 밀접한 관련이 있다.

'신의 계시'를 받았다는 잔 다르크의 이야기는 프랑스의 종교적 갈등 시기에 중요한 상징으로 활용되었다. 특히 가톨릭과 개신교의 대립 속에서, 그녀의 이야기는 종교적 정통성을 강조하는 데 사용되었을 가능성이 높다.

나아가 19세기에 이르러 국민국가체제가 확립되면서 잔 다르크의 이야기는 새로운 의미를 갖게 된다. 어린 소녀가 나라의 위기를 극복했다는 서사는 국가 정체성 형성과 애국심 고취에 이상적인 교육 자료로 활용되었다. 이를 통해 그녀는 프랑스의 국가적 영웅으로 더욱 공고히 자리 잡게 되었다.

프랑스의 역사에 영향을 끼친 잔 다르크의 일생을 되짚어보면서, 동시에 그녀를 소환했던 사실들을 주목해 살펴보고자 한다. 앞서 언급한 것처럼, 그녀는 생전보다 사후에 '프랑스'의 아이콘으로 줄곧 호출되었다. 그 호출의 주체는 시대와 상황마다 달랐지만, 호명되는 위인의 이름은 늘 잔 다르크였다.

이상하고 복잡한 백년전쟁

잔 다르크는 프랑스 동부 바 공작령의 작은 마을 동레미에서 태어난 것으로 알려져 있다. 그녀의 아버지는 약 50에이커의 땅을 소유한 말단 관리였는데, 주로 세금 징수와 치안 업무를 담당했다고 한다. 더불어 동레미는 부르고뉴 지역과 인접해 있어, 당시 프랑스의 정치적 긴장이 고조되던 지역이었다.

그렇다면 평범한 농부의 딸이 맹활약한 백년전쟁은 왜 일어났을까? 전쟁은 1337년 프랑스 왕위 계승을 둘러싼 잉글랜드 랭커스터 왕조와 프랑스 카페 왕조 간의 분쟁에서 시작되었다.

이 전쟁의 근원은 노르망디 공작 윌리엄의 잉글랜드 정복 이후 복잡해진 양국의 관계에서 찾을 수 있다. 잉글랜드 왕은 프랑스 왕의 봉신이었지만, 동시에 프랑스 영토의 상당 부분을 지배하고 있었다.

전쟁의 직접적인 계기는 프랑스 카페 왕조의 샤를 4세가 후사 없이 사망하면서 발생했다. 잉글랜드의 에드워드 3세는 외삼촌인 샤를 4세의 왕위를 주장했지만, 프랑스 귀족들은 필리프 6세를 새로운 왕으로 추대했다. 이로 인해 양국 간의 대립이 격화되어 백 년간의 전쟁이 시작되었다. 물론 이 기간은 휴전 기간도 존재하여 백 년이라는 시간 내내 전쟁이 일어나지는 않았다. 문제는 전쟁의 주요 격전지가 대부분 프랑스 영토라는 사실이었다.

전쟁 당시 프랑스의 정치 상황은 매우 복잡했다. 샤를 6세가 통치하고 있었지만, 소위 '미친 왕'이라 불릴 만큼 심각한 그의 정신 건강 문제로 인해 실질적인 권력은 다른 이들에 의해 행사되고 있었다. 특히 오를레앙 공작 루이와 부르고뉴 공작 장 사이의 권력 다툼은 프랑스 내부의 분열을 더욱 심화시켰다. 이 내부 갈등은 결국 오를레앙 공작 루이의 암살과 부르고뉴 공작 장의 살해로 이어졌다. 이러한 혼란 속에서 부르고뉴의 새 공작 필리프는 잉글랜드와 동맹을 맺어 프랑스의 상황을 더욱 악화시켰다.

1420년 체결된 트루아 조약은 프랑스의 위기를 더욱 심화시켰다. 이 조약으로 인해 잉글랜드의 헨리 6세가 프랑스와 잉글랜드의 왕위를 모두 계승하게 된 것이다. 이는 프랑스의 독립성과 정체성에 심각한 위협이 되었고, 잉글랜드군의 마지막 공격 목표는 오를레앙이 되었다. 바로 이 시기에 잔 다르크가 등장하여 프랑스의 운명을 바꾸게 된다.

프랑스를 위기에서 구한 13세 소녀

　1425년, 프랑스의 한 작은 마을에 사는 13세 소녀이었던 잔 다르크는 성 미카엘과 성녀들로부터 자신과 프랑스의 운명을 바꿀 계시를 받는다. 이는 랭스로 가서 잉글랜드 세력을 몰아내고 샤를 왕세자의 대관식을 준비하라는 임무였다. 후일 마녀재판 시기에 잔 다르크를 조사한 영국 측 기록에는 그녀의 증언이 다음과 같이 실려 있다.

　"13세 때 동레미에 있는 아버지 집 정원에서 나는 어떤 목소리를 들었다. 그것은 성당이 있는 오른쪽에서 굉장한 광휘에 휩싸여 내 쪽으로 오고 있었다. 맨 처음에는 겁을 먹었으나, 나는 곧 그것이 여태껏 내 주위에서 나를 따라다니며 지시를 내려주던 천사의 목소리임을 깨달았다. 그는 성 미카엘이었다. 나는 성녀 카타리나와 성녀 마르가리타 역시 보았는데, 그들은 나에게 말을 걸고 훈계하며 내가 취할 행동들을 알려주었다. 나는 어느 것이 어떤 성인의 말인지 쉽사리 분간해 낼 수 있었다. 항상 그런 것은 아니었지만, 대개 그들은 광휘를 동반하고 있었다. 그들의 목소리는 친절하고 다정했다. 그들은 사람의 모습으로 내 눈앞에 나타났다. 그들은 눈으로 똑똑히 보았고, 지금도 그들을 보고 있다."

당시 프랑스는 이미 국토의 상당 부분을 잉글랜드에 빼앗긴 상태였고, 샤를 왕세자는 시농에 피신해 있었다. 잔 다르크는 보퀼레르를 방어하고 있던 로베르 경비대장의 부하인 장 드 메츠, 베르트랑 드 폴뤼니 등의 알선으로 왕세자 접견에 성공한다. 일설에 의하면, 잔 다르크의 존재에 대해 확신이 없던 샤를은 자신의 옷을 시종에게 입히고 변장한 채 가신들 사이에 섞여 있었는데, 일면식도 없었던 그녀가 변장한 샤를 왕세자 앞에 경의를 표했다고 한다.

잔 다르크는 이 만남을 통해 갑옷과 무기, 나아가 군대 지휘권까지 요청하는 대담함을 보였다. 그녀의 요청은 당시 사회 통념상 파격적인 것이었지만, 그녀의 독실한 신앙과 바른 행실이 입증되면서 점차 신뢰를 얻게 되었다.

잔 다르크의 군사적 활약은 놀라웠다. 1429년 4월 29일 오를레앙에 도착한 그녀는 당시 프랑스 군 지휘관이었던 장 도를레앙의 무시에도 불구하고 의연하게 군을 이끌었다. 그녀의 리더십과 전략적 안목은 오를레앙을 포위한 잉글랜드군을 격파하는데 결정적인 역할을 했고, 이어 랭스 탈환 작전마저 성공적으로 이끎으로써 1429년 7월 17일 샤를 7세의 대관식을 가능케 했다. 5년간 공백 상태였던 프랑스 발루아 왕조의 명맥이 이어지는 것은 물론, 프랑스의 국가적 정체성과 자존심이 회복되는 계기를 10대 소녀가 만든 것이다.

여러 차례의 성공에도 불구하고, 그녀의 여정은 순탄치만은 않았다. 그녀는 알랑송 공작과 함께 파리 진군을 요청했으나 샤를 7세는 부르고뉴 세력과의 강화 협상을 선택했다. 이는 군사적 승리와 정치적 현실 사이의 괴리를 보여주는 사례였다. 잔 다르크는 이후에도 전장에서 활약을 이어갔지만, 1430년 5월 23일 마리니에서 부르고뉴 군대에 포로로 잡히는 비운을 맞게 된다.

더욱 충격적인 것은 샤를 7세의 반응이었다. 당시 관례였던 포로 몸값 지불을 통한 교환을 시도하지 않은 것이다. 반면 잉글랜드는 잔 다르크의 중요성을 인식하고, 1만 리브르라는 거액을 들여 그녀를 사들이게 된다.

타인의 손으로 결정된 영웅의 삶

잉글랜드는 잔 다르크가 천사의 명을 받아 행동했다고 주장한 점을 들어 이단성 시비를 걸고 종교재판을 진행했다. 잉글랜드 입장에서 그녀는 프랑스의 사기를 드높인 위험한 인물이었기에, 어떻게든 마녀의 굴레를 뒤집어씌우고자 했다. 재판 과정에서 잔 다르크는 끊임없이 자신의 결백을 주장했다. 특히 보베 지역의 교구장이었던 코숑 주교가 그녀의 남장 행위를 문제 삼았을 때, 그녀는 그 행동이 전시 상황에서의 불가피한 선택이었다고 반박했다. 그러나 오랜 재판으로 쇠약해진 잔 다르크는 교회의 처분에 따르겠다는 문서에 서명하게 되었고, 1431년 5월 30일 루앙의 비외 마르셰 광장에서 세 번이나 화형을 당하는 비극적인 최후를 맞이했다.

백년전쟁이 끝나고 잔 다르크에 대한 재심 요구가 제기되었다. 당시 교황 갈리스토 3세의 지시로 1452년부터 약 3년간 재심을 위한 조사가 진행되었고, 마침내 1455년 11월 정식으로 재심이 시작되었다. 재심 과정에서 교황청의 대심문관이었던 장 브레알은 115명의 증언과 관련 증거들을 철저하게 검토했다. 그리고 제출된 그의 1456년 최종 보고서는 잔 다르크를 순교자로 인정하고, 오히려 그녀를 유죄로 몰았던 코숑 주교를 이단자로 규정할 것을 요청했다.

1456년 7월, 잔 다르크는 최종적으로 무죄 판결을 받았다. 그러나 이 명예 회복의 과정이 그녀 본인의 의지나 행동과는 무관하게 진행되었다는 점에서 아이러니하다. 프랑스의 승리를 이끌었던 농촌 소녀 잔 다르크는 자신의 죽음은 물론 명예 회복까지도 타인에 의해 결정되는 운명을 겪었던 것이다.

영웅의 부활 혹은 각색

잔 다르크는 생전보다 사후에 더욱 강력한 상징으로 부상했다. 흥미롭게도 이 움직임은 프로테스탄트들로부터 시작되었다. 1562년, 프랑스의 위그노파가 오를레앙을 점령하고 잔 다르크의 동상을 파괴하는 사건이 발생했다. 이는 잔 다르크가 가톨릭의 상징으로 인식되었기 때문이었다. 그녀가 받았다고 전해지는 성인들의 계시는 가톨릭 신앙의 핵심적 요소였다.

이 사건을 계기로 양측은 잔 다르크를 자신들의 주장을 뒷받침하는 도구로 활용하기 시작했다. 가톨릭 신자들은 파괴된 동상을 위그노파의 불경함의 증거로 내세웠고, 위그노파는 잔 다르크에 대한 부정적인 소문을 퍼뜨렸다. 이러한 갈등 속에서 주목할 점은 구교와 신교 모두 잔 다르크를 자신들의 논리에 맞게 재해석했다는 것이다.

18세기에 이르러 잔 다르크의 이미지는 또 다른 변화를 겪게 된다. 프랑스의 대표적인 계몽사상가 볼테르가 그녀의 새로운 초상화를 유포하면서 그녀가 영웅적 인물로 재탄생하게 된 것이다. 이는 단순한 이미지 변화를 넘어, 프랑스 사회의 가치관 변화를 반영하는 중요한 사건이었다.

볼테르의 영향으로 형성된 잔 다르크의 새로운 이미지는 프랑스 혁명기까지 이어졌다. 특히 7년 전쟁의 패배로 반영 감정이 고조되었던 당시 프랑스인들에게, 잉글랜드에 저항했던 그녀의 이야기는 강력한 애국심을 불러일으키는 소재였다.

19세기 들어 잔 다르크의 이미지는 프랑스 공교육 시스템에서 중요한 역할을 하게 된다. 의무교육이 시행되면서, 그녀의 이야기는 애국심과 국가 정체성을 교육하는 핵심 소재로 활용되었다. 그녀의 생애는 7개의 주요 장면으로 압축되어 교과서에 실렸다.

7개의 장면에는 잔 다르크의 탄생부터 순교까지의 과정이 담겨 있었다. 동레미에서의 탄생, 국왕과의 만남, 오를레앙 해방, 왕의 대관식 호위, 그리고 최후의 순간까지 말이다. 이 장면들은 그녀의 생애를 극적으로 압축하여 보여주었다. 이는 단순한 역사 교육을 넘어, 애국심과 희생정신을 고취시키는 강력한 교육 도구였다.

이처럼 근대 프랑스 사회에서 잔 다르크는 '이상적인 애국

자'의 모델이 되었다. 그녀는 더 이상 단순한 농촌 소녀나 가톨릭 신자가 아닌, 조국을 위해 싸운 영웅이자 성인으로 재해석되었다. 이러한 이미지는 프랑스의 어린이들에게 강력한 영향을 미친 것은 물론, 국가 정체성 형성에도 중요한 역할을 했을 것이다.

그런데 잔 다르크는 자신을 소환하는 후손들을 보고 어떤 표정을 짓고 있을지 자못 궁금해진다. 그녀는 백년전쟁이라는 시대적 위기를 피하지 않고 정면으로 맞섰다. 그런데 종교개혁 시기와 18세기 프랑스 혁명, 19세기 프랑스 공화정 시기를 거치며 잔 다르크는 그녀를 독점하고 싶은 사람들에 의해 멋대로 각색되어 팔려나갔다. 어쩌면 그녀는 우리에게 되묻고 싶을지도 모르겠다. 당신은 나의 생애를 제대로 알고 있느냐고.

프로파일링 보고서

무익한 무한 학살의 비극에서 민중을 구원한 몽상가

역사는 종종 영웅을 만들어내고, 시대에 따라 그들의 이미지를 재구성한다. 잔 다르크는 이러한 역사적 재해석의 대표적인 예시로 볼 수 있다. 오늘날 우리가 알고 있는 그녀의 모습은 주로 프랑스의 화가 외젠 들라크루아가 그린 <민중을 이끄는 자유의 여신>에 묘사된 이미지에 기반하고 있다. 이는 영화, 연극 등 다양한 시각적 매체를 통해 널리 퍼져 있는 모습이기도 하다.

하지만 역사적 사실에 근거해 볼 때, 백년전쟁 당시의 잔 다르크는 단순히 종교적 계시를 따라 전쟁에 참여한 어린 소녀에 불과했다. 이러한 사실은 우리에게 의문을 제기한다. 어떻게 한 소녀가 전쟁에 참여할 수 있었을까? 순수한 사실만을 고려한다면, 이는 강요된 행동이거나 비정상적인 상황의 결과로 볼 수 있을 것이다.

그러나 당시의 역사적 맥락을 고려하면, 잔 다르크의 등장에 대해 더 다양한 해석이 가능해진다. 장기간의 전쟁 교착 상태에서, 양측 병사들은 구원자를 갈망했을 것이다. 이러한 민중의 열망이 '잔 다르크'라는 상징적 존재를 만들어냈을 가능성이 높다. 다시 말해, 실제로 불가능해 보이는 일이 현실이 된 것은 당대인들이 취한 집단적 염원의 결과일 수 있다는 이야기이다.

백년전쟁은 오랜 시간 지속된 무의미한 왕위 계승 싸움이었다. 전쟁터의 병사들에게 이는 아무런 의미 없는 소모전에 불과했다. 이러한 상황에서 잔 다르크라는 예상치 못한 인물의 등장은 비참한 현실을 타개하고자 하는 열망의 표현이었을 수 있다.

잔 다르크의 참전과 승리는 현실적으로는 불가능한 일처럼 보인다. 그러나 양측 병사들이 전쟁을 끝내고 싶어 하는 마음을 반영한 일종의 '약속된 연극'이었을 가능성이 있다. 오를레앙 포위전은 귀족과 왕족들에게만 의미 있는 싸움이었고, 일반 병사들에게는 무의미한 것이었기 때문이다.

따라서 잔 다르크의 전설은 당시 사회의 염원, 욕망, 그리고 우연한 사건들이 복합적으로 작용하여 만들어진 결과물로 볼 수 있다. 또한 이는 단순한 역사적 사실을 넘어, 당시 사회의 집단적 무의식과 열망을 반영하는 상징적인 이야기로 해석될 수도 있다.

잔 다르크가 사후 영웅화된 과정도 다른 해석이 가능하다. 백년 전쟁 시기 프랑스와 영국의 민족적 경계는 오늘날과는 달리 매우 모호했다. 즉, 현대적 의미의 국가 개념이 확립되지 않은 당시에는 프랑스인과 영국인이라는 구분이 현재만큼 명확하지 않았다는 말이다. 그러나 근대 국가의 형성과 함께 프랑스와 영국의 민족 정체성이 뚜렷해지기 시작했다. 이 과정에서 양국은 각자의 역사를 재해석하고, 애국적 영웅들을 새롭게 포장하는 작업을 진행했다.

이 과정에서 잔 다르크 또한 국가 정체성 강화를 위한 영웅으로 새롭게 태어났다. 하지만 그 결과가 그녀가 원했던 방향 혹은 그녀의 진심이었다고 보기는 어렵다. 그녀가 프랑스의 한 왕조를 즉위시킨 것은 사실이지만, 이를 '프랑스를 구한 영웅'으로 단순화하는 것은 역사의 복잡성을 간과하는 것일 수 있다는 말이다.

이제 잔 다르크의 참전, 그리고 삶을 다른 시각에서 바라보자. 그녀의 행동은 단순히 애국적 영웅담이기보다는, 무고하게 죽어가는 평민 병사들을 구원하고자 한 몽상가의 돌발적인 행위로 이해할 수 있다. 흥미로운 점은 그런 그녀의 행동에 양측 평민 병사들이 호응했다는 것이다. 이는 전쟁에 지친 일반 병사들의 심리를 반영하는 것으로 볼 수 있다. 전선이 무너지자 양측의 귀족은 각자의 승리를 주장하며 협상으로 전쟁을 마무리 지었다.

잔 다르크의 운명은 끝내 비극적이었다. 그녀는 영국으로 넘겨져 화형을 당하게 된다. 이는 전쟁이 끝난 후에도 계속되는 정치적 갈등과 희생양의 필요성을 보여주는 사례이다. 잔 다르크의 죽음은 후대에 그녀를 영웅화하는 데 기여했지만 동시에 전쟁의 잔혹성과 비이성적인 면을 드러내는 상징이 되었다.

그렇다면 잔 다르크는 어떤 사람이었을까. 영웅? 평화주의자? 진짜 신의 계시를 받은 사람? 글쎄, 적어도 화형을 당하면서까지 자신의 신념을 지킨 그녀가 '자신을 팔아버린 프랑스 사람'은 아니었던 것만큼은 분명해 보인다.

도전을 딛고 일어선 여제, 마리아 테레지아

오스트리아는 많은 이들에게 모차르트의 고향이나 마리 앙투아네트의 출신국으로 알려져 있다. 그러나 이 중부 유럽의 작은 나라는 유럽 역사에서 매우 중요한 위치를 차지하고 있다. 오스트리아는 신성 로마 제국의 핵심 국가였으며, 유럽 왕정의 상징인 합스부르크 가문의 본거지였다.

합스부르크 가문은 수 세기 동안 유럽의 정치와 외교를 주도했다. 이 가문은 신성 로마 제국의 황제직을 거의 독점했으며, 유럽 전역에 걸친 광대한 영토를 통치했다. 오스트리아는 이 강력한 제국의 중심지였으며, 유럽의 정치적 균형을 유지하는 데 중요한 역할을 했다.

그러나 18세기에 들어서면서 합스부르크 가문은 중대한 위기에 직면한다. 남성 후계자의 부재로 인해 왕위 계승 문제가 발생했고, 이는 유럽 전체의 세력 균형에 영향을 미칠 수 있는 중대한 사안이었다. 이러한 배경 속에서 마리아 테레지아가 등장했고, 그녀의 통치는 오스트리아와 유럽 역사의 전환점이 된다.

마리아 테레지아(1717-1780)는 1740년, 아버지 카를 6세의 사망으로 23세의 나이에 오스트리아의 통치자가 되었다. 그녀의 즉위는 전례 없는 일이었다. 신성 로마 제국의 역사상 여성이 제국의 핵심 영토를 통치한 적이 없었기 때문이다. 이러한 배경 아래 오스트리아 왕위 계승 전쟁이 세 차례나 일어났다. 각 유럽 왕국의 이해관계가 겹쳐 일어난 전쟁은 그녀에게 매우 힘든 도전이었다. 하지만 마리아 테레지아는 이 도전을 이겨내고 오스트리아의 왕위 승계권과 통치권을 공식적으로 확보하게 된다.

세력 균형을 뒤흔든 여제의 즉위

마리아 테레지아의 아버지인 카를 6세(1711-1740)는 신성 로마 제국의 황제였다. 그는 합스부르크 왕가의 적자였지만 남자 후계자 없이 세 딸만을 두었고, 이는 합스부르크 왕가의 미래에 큰 위협이 되었다. 이에 카를 6세는 1713년 국사조칙을 발표하여 딸도 왕위를 계승할 수 있도록 했다. 카를 6세의 의지는 분명했지만, 그의 장녀 마리아 테레지아의 왕위 승계가 순조롭게 이루어질 수 있을지는 미지수였다.

카를 6세가 세상을 떠난 뒤, 마리아 테레지아의 왕위 승계는 즉각적인 도전에 직면했다. 바이에른의 선제후 알브레흐트가 200년 전 페르디난트 1세의 유언을 근거로 오스트리아 왕위에 대한 자신의 권리를 주장한 것이다. 이는 단순한 개인 간의 분쟁이 아닌, 유럽 전체의 세력 균형을 뒤흔들 수 있는 중대한 사안이었다. 영국과 네덜란드가 마리아 테레지아의 편을 들었지만, 프랑스와 프로이센 등 오스트리아와 국경을 접한 국가들은 알브레흐트를 지지했다.

이 상황은 곧 오스트리아의 왕위 계승 전쟁으로 확대되었다. 프로이센의 프리드리히 2세는 이 혼란을 이용해 오스트리아의 전략적 요충지인 슐레지엔 지역을 무력으로 점령했다. 이는 마리아 테레지아에게 큰 타격이었지만, 동시에 다른 유럽 국가들의 경계심도 불러일으켰다. 결과적으로 유럽은 복잡한 동맹 관계로 얽히게 되었고, 이는 향후 수년간 지속될 전쟁의 서막을 알렸다.

마리아 테레지아의 왕위 승계를 둘러싼 갈등은 유럽 전체의 세력 균형에 큰 변화를 가져왔다. 프로이센의 부상은 그녀뿐만 아니라 바이에른의 알브레흐트에게도 위협이 되었다. 이로 인해 바이에른과 작센은 프로이센에 대항하게 되었고, 프로이센은 프랑스와 동맹을 맺어 이에 대응했다.

이러한 복잡한 정세 속에서 알브레흐트는 프랑스의 지지를 얻어 신성 로마 제국의 황제 카를 7세로 즉위하는 데 성공했다. 그녀는 곧바로 반격에 나섰다. 카를 7세를 공격하여 그를 바이에른에서 추방하는 데 성공한 것이다.

이 승리는 마리아 테레지아의 정치적 입지를 크게 강화했다. 카를 7세의 아들 막시밀리안 3세는 오스트리아와의 관계 개선을 위해 마리아 테레지아의 남편 프란츠 슈테판을 신성 로마 제국의 황제로 지지하겠다는 약속을 하게 된다. 이는 마리아 테레지아가 자신의 정통성을 인정받고 오스트리아의 지위를 회복하는 데 중요한 전기가 되었다.

이런 상황에서 마리아 테레지아의 외교 정책을 대신 총괄한 카우니츠 리트베르크 대신은 프로이센의 배후에 프랑스가 있다는 사실을 눈여겨보았다. 오스트리아 왕위 계승 전쟁에서 목격한 프리드리히 2세의 공세적 군사 전략은 프로이센이 신성 로마 제국의 황제 자리를 노리는 강력한 경쟁자로 부상할 수 있음을 시사했다. 이러한 상황 인식은 오스트리아의 외교 정책에 근본적인 변화를 가져왔다.

카우니츠 리트베르크의 전략적 판단에 따라, 오스트리아는 1756년 프랑스와의 동맹 체결에 성공한다. 이는 단순한 외교적 성과를 넘어, 유럽 정세의 대변혁을 예고하는 사건이었다. 오랜 숙적이었던 프랑스와의 동맹은 마리아 테레지아가 왕위 승계 과정에서 상실한 슐레지엔 지방의 수복에 대한 희망을 제공했기 때문이다.

오스트리아와 프랑스의 동맹에 맞서, 프로이센의 프리드리히 2세는 신속하게 대응책을 모색했다. 바로 대륙 건너편의 영국에 도움을 요청한 것이다. 당시 영국은 스튜어트 왕조에서 하노버 왕조로 왕권이 이양된 상태였으며, 하노버가 신성 로마 제국의 일부였다는 점이 중요한 외교적 고려 사항이 되었다.

영국은 신성 로마 제국 내 국가들 간의 세력 균형이 자국의 이익에 부합한다는 점을 명확히 인식하고 있었다. 이러한 배경 하에 프로이센과 영국은 동맹을 결성하게 된다. 이 동맹의 핵심은 러시아라는 동방의 강력한 육군국을 견제하는 동시에, 프로이센이 영국 왕실의 고향인 하노버 지역을 보호함으로써 영국의 이익을 보장하는 것이었다.

프리드리히 2세에게도 이 동맹은 전략적으로 중요한 의미다. 오스트리아 왕위 계승 전쟁에서 얻은 영토적 이득에 대해 영국의 지지를 확보함으로써, 대륙 내에서의 고립을 피하고 오스트리아 주도의 동맹 체제에 맞설 수 있는 우방을 얻게 되었기 때문이다.

맞서기 위해 힘과 권한을 모으다

마리아 테레지아의 오스트리아 왕위 승계는 유럽 정치 지형에 예상치 못한 큰 변화를 가져왔다. 신성 로마 제국의 핵심 위치에 있던 오스트리아의 여제 즉위는 단순한 왕위 계승 문제를 넘어 유럽 전체의 세력 균형에 영향을 미쳤다. 이는 여성의 왕위 계승이라는 명분상의 문제를 넘어, 실질적으로는 영토와 국익을 둘러싼 복잡한 정치적 계산이 작용한 결과였다.

프로이센의 프리드리히 2세는 이러한 상황을 예리하게 포착하여 자국의 이익을 극대화하는 데 성공했다. 1763년 후베르투스부르크 조약을 통해 프리드리히 2세는 마리아 테레지아의 아들 요제프 2세의 선제후 지위를 인정하는 대가로 전략적 요충지인 슐레지엔을 완전히 장악했다. 이를 계기로 프로이센은 북독일의 작은 영방국가에서 유럽의 주요 열강으로 급부상하게 되었다.

이러한 정세 변화는 마리아 테레지아로 하여금 자신의 왕위 승계에 대한 독일 영방 내 반발을 무마하고, 오스트리아의 위상을 지키기 위한 새로운 전략을 모색하게 만들었다. 그녀가 주목한 인물은 하우크비츠 백작이었다. 슐레지엔 지역의 전 행정장관이었던 그는 프로이센의 효율적인 통치 시스템을 직접 경험한 인물이었다. 그는 프로이센의 성공 비결이 중앙집권적 통치와 효율적인 재정 관리에 있다고 판단했다.

하우크비츠는 오스트리아의 문제점으로 귀족들의 과도한 재정 권한을 지목했다. 그리고 왕권신수설을 신봉하는 마리아 테레지아의 성향을 고려하여, 왕권 강화를 통한 국가 개혁 방안을 제시했다. 지방 통치, 재정, 군사 분야에서 귀족들의 권한을 축소하고, 왕의 권한을 확대하는 것이 개혁의 주요 골자였다.

1748년, 하우크비츠는 마리아 테레지아 부부가 참석한 비밀 궁정회의에서 자신의 개혁안을 발표했다. 귀족들의 강한 반발에도 불구하고, 마리아 테레지아는 이 개혁안을 과감히 채택했다. 이는 오스트리아 통치 체제의 근본적인 변화를 예고하는 중요한 결정이었다.

하우크비츠의 개혁은 신속하게 진행되었다. 지방에 대표부와 회계부를 설치하여 중앙 정부의 통제력을 강화했고, 1749년에는 궁정사무국을 해체하고 내정 및 재정감독청을 신설하여 귀족들의 정치 개입을 제도적으로 차단했다.

사법 제도 또한 개혁의 대상이 되었다. 대법원 설치를 통해 귀족과 수도원이 운영하던 영주재판소의 권한을 축소했고,

1766년 테레지아 법전과 1770년 테레지아 형법전의 반포로 법치주의의 기반을 마련했다.

이러한 개혁은 마리아 테레지아에게 생존의 문제였다. 슐레지엔 상실의 충격과 독일 영방의 배신은 그녀를 비롯한 오스트리아 지배층에게 강력한 중앙집권체제의 필요성을 각인시켰다. 즉, 프로이센을 비롯한 반오스트리아 세력에 대항하기 위해선 왕을 정점으로 하는 통치 체제로의 전환이 필요하다는 인식을 심어준 것이다.

내정 개혁을 넘어, 군사 개혁으로

마리아 테레지아의 오스트리아는 내정 개혁에서 한 걸음 더 나아가 군사 체제의 변화를 추진했다. 이는 단순히 군대의 현대화를 넘어, 국가의 근본적인 체질 개선을 의미했다. 당시 오스트리아는 동쪽으로 강력한 오스만 제국과 접하고 있었으며, 서쪽으로는 프로이센의 도전에 직면해 있었다. 이러한 지정학적 위치는 오스트리아로 하여금 더욱 강력하고 효율적인 군사 체제의 필요성을 절감하게 했다.

군제 개혁은 오스트리아 왕위 계승 전쟁에 직접 종사한 다운 백작을 중심으로 진행되었다. 특히 주목할 만한 부분은 1751년에 설립된 군사사관학교이다. 이 학교는 단순히 군사 교육 기관을 넘어, 오스트리아 군대의 근본적인 변화를 상징했다. 귀족의 자제들을 위한 군사사관학교와 함께, 중하급 장교와 시민의 자녀들을 위한 '테레지아눔'이 설립되었기 때문이다. 이는 신분에 따른 군사 지휘가 여전했던 당시 유럽 왕국에서 고위 귀족들의 작전 입안을 효과적으로 보좌, 조언할 수 있는 군사 간부의 양성이 실현되었음을 의미했다.

개혁의 영향은 즉각적이고 광범위했다. 오스트리아는 왕위 계승 전쟁 초기의 혼란을 극복하고, 더욱 강력하고 체계적인 군사력을 갖추게 되었다. 이는 단순히 군사적 능력의 향상을 넘어, 오스트리아의 국제적 위상 강화로 이어졌다. 카우니츠 리트베르크의 외교 정책과 맞물려, 마리아 테레지아의 남편인 프란스 슈테판이 신성 로마 제국의 황제인 프란츠 1세가 되는 데 결정적인 역할을 한 것이다. 이는 오스트리아가 유럽의 강대국으로서 지위를 공고히 하는 중요한 계기가 되었다.

마리아 테레지아의 통치가 안정기에 접어들면서, 그녀는 자신의 권력을 시각적으로 표현할 필요성을 느꼈다. 이는 1749년 쇤브룬 궁전의 완공으로 구체화 되었다. 쇤브룬 궁전은 단순한 건축물이 아닌, 오스트리아 제국의 위엄과 마리아 테레지아의 개인적 승리를 상징하는 기념비적 존재였다. 쇤브룬 궁전은 프랑스의 베르사유 궁전에서 영감을 받아 설계되었지만, 그 완성은 오스트리아만의 독특한 문화와 예술적 감각을 반영했다. 궁전의 화려함과 규모는 오스트리아 제국의 부와 권력을 과시하는 동시에, 마리아 테레지아의 통치 철학을 물리적으로 구현한 것이기도 했다.

특히 주목할 만한 점은 궁전 내 마리아 테레지아의 거주 공간이 다른 구역과 명확히 구분되었다는 것이다. 이는 단순한 건축적 특징이 아닌, 군주의 신성함과 초월성을 강조하는 정치적 메시지였다. 마리아 테레지아는 이를 통해 자신이 단순한 인간이 아닌, 신의 대리인으로서 군주임을 암묵적으로 표현했다. 이러한 공간 구성은 당시 유럽의 절대왕정 이데올로기를 반영하는 동시에, 마리아 테레지아만의 독특한 통치 철학을 보여주는 것이기도 했다.

가족, 그리고 그 너머의 정치적 유산

마리아 테레지아는 오스트리아 역사상 가장 중요한 통치자 중 한 명으로, 그녀의 통치 기간은 오스트리아의 절대왕정 확립에 큰 영향을 미쳤다. 그러나 그녀의 정치적 업적 못지않게 흥미로운 것은 그녀의 가정사이다. 오스트리아 왕위 계승 전쟁을 겪으며, 마리아 테레지아는 남편 프란츠 1세와 깊은 애정 관계를 유지했다. 두 사람이 아홉 번째 딸인 마리 앙투아네트를 비롯해 16명의 자녀를 출산했다는 사실은 그들의 관계가 얼마나 돈독했는지를 보여준다. 더욱이 그녀는 영토 손실을 감수하면서까지 남편의 신성 로마 제국 황제 즉위를 지원했다.

그러나 1765년 프란츠 1세의 갑작스러운 서거는 마리아 테레지아의 삶에 큰 변화를 가져왔다. 남편의 죽음 이후, 그녀는 장남인 요제프 2세와 오스트리아의 공동 통치자가 되었다. 이 시기는 마리아 테레지아에게 새로운 도전의 시작이었다. 요제프 2세는 어머니와는 다른 정치적 비전이 있었고, 이는 두 사람 사이의 긴장을 야기했다. 특히 요제프 2세가 오스트리아의 최대 적이었던 프로이센의 프리드리히 2세를 동경한다는 사실은 마리아 테레지아에게 큰 고통이었다.

요제프 2세는 농노해방령, 신분제 의회의 조세징수권 폐지, 상비군 확대 등을 추진하며 더 강력한 절대 군주를 지향했다. 이러한 그의 개혁 정책은 마리아 테레지아의 정책을 일부 계승하는 것이었지만, 동시에 어머니와의 정치적 결별을 의미하기도 했다. 그러나 폴란드 분할과 바이에른 상속 전쟁 처리 과정에서 요제프 2세는 마리아 테레지아에 비해 부족한 정치력을 드러냈다. 이러한 상황은 마리아 테레지아에게 극심한 스트레스를 주었을 것으로 보인다.

마리아 테레지아의 생애는 그 자체로 18세기 유럽 정치의 축소판이었다. 신성 로마 제국 황제의 딸로 태어나 작은 나라의 통치자와 결혼한 그녀는 왕위 계승 전쟁을 통해 권력의 냉혹한 현실을 경험했다. 이 과정에서 그녀는 오스트리아와 자신을 동일시하게 되었고, 국가의 개혁 필요성을 절실히 깨달았다.

그녀의 열린 사고 또한 주목할 필요가 있다. 그녀는 프로이센을 증오했지만, 프로이센의 강점을 객관적으로 평가하고 그 제도들을 연구했다. 이러한 개방적 태도는 오스트리아의 내정 개혁과 군제 개혁을 가능케 했다.

마리아 테레지아는 확실히 통치자로서 자질이 있는 인물이었다. 왕위 계승 전쟁을 통해 단련된 그녀는 국가 운영에 대한 명확한 비전이 있었고, 위기 상황에서도 냉정하게 관료들의 조언을 경청할 수 있는 넓은 시야를 지니고 있었다.

그녀가 세상을 떠난 뒤, 오스트리아는 여전한 유럽 열강의 일원으로 20세기 초까지 생존할 수 있었다. 그리고 그 중심에는 마리아 테레지아가 이룬 개혁의 성과들이 자리 잡고 있었다.

프로파일링 보고서

누구의 딸, 아내, 어머니가 아닌 황제

18세기 유럽의 왕실 문화에서 여성이 실질적인 통치자가 되는 것은 거의 불가능한 일이었다. 대부분 왕위를 상속받은 공주는 남편에게 권력을 위임하고 '공동 왕'이라는 명목하에 실질적인 통치는 남성이 맡았다. 그러나 마리아 테레지아는 이러한 관행을 과감히 깨뜨리고 직접 통치의 길을 선택했다. 이는 합스부르크 가문의 독특한 위치와 혈연, 상속 문제가 복잡하게 얽힌 결과였다.

　마리아 테레지아의 결단은 세 차례에 걸친 치열한 왕위 계승 전쟁으로 이어졌다. 이 과정에서 그녀는 정치의 본질, 특히 타협의 중요성을 깨닫게 된다. 단순히 혈통의 당위성만을 내세워 국력을 낭

비하는 대신, 현실적인 해결책을 모색하는 지혜를 얻게 된 것이다. 이는 후에 그녀가 추진한 개혁의 기반이 되었다.

이러한 경험을 통해 마리아 테레지아는 행정, 상비군, 군대 지휘 체계의 개선 필요성을 인식하게 되었고, 이를 위한 재정 개혁의 중요성도 절감하게 된다. 실질적인 통치를 위해서는 귀족들을 어떻게 관리하고 통제할 것인가가 핵심 과제였다. 이는 단순한 권력 투쟁을 넘어, 국가의 근본적인 체질 개선을 위한 첫걸음이었다.

마리아 테레지아가 추진한 개혁은 당시 귀족들의 강한 반발에도 불구하고, 현대적 관점에서 볼 때 매우 중요하고 핵심적인 사항들이었다. 그녀의 개혁은 크게 중앙집권화, 종교적 특권 제한, 사법 체계의 정비, 그리고 군사 제도의 혁신으로 나눌 수 있다.

먼저, 중앙집권화를 통해 국가의 효율적인 운영 기반을 마련했다. 종교적 특권을 제한함으로써 세속 권력과 종교 권력 간의 균형을 조정했고, 대법원 설치와 법전 및 형법전의 반포를 통해 근대적 사법 체계의 토대를 구축했다. 이러한 일련의 조치들은 오스트리아를 중세적 봉건 국가에서 근대 국가로 탈바꿈시키는 결정적인 역할을 했다.

군사 개혁 역시 마리아 테레지아의 중요한 업적 중 하나이다. 그녀는 기존의 귀족 영주들이 각자 거느리던 오합지졸 같은 군대를 국가 상비군으로 전환하는 대대적인 개혁을 단행했다. 이를 위해 군사사관학교와 '테레지아눔'을 설립하여 전문적인 군사 간부를 양성하는 체계를 갖추었다. 이는 단순한 군사력 강화를 넘어, 국가 근간을 다지는 중요한 조치였다.

마리아 테레지아는 프랑스의 베르사유 궁전을 모델로 삼아 쇤브룬 궁전을 건축했다. 이는 단순한 건축물이 아닌, 그녀의 권력과 오스트리아 제국의 위엄을 상징하는 공간이었다. 마치 프랑스의 루이 14세가 베르사유 궁전을 통해 절대 왕권을 과시했듯이, 마리아 테레지아 역시 쇤브룬 궁전을 통해 통치력을 가시화했다.

쇤브룬 궁전은 단순히 화려한 외관만을 자랑하는 것이 아니라, 마리아 테레지아의 정치적 비전과 문화적 취향이 집약된 공간이었다. 궁전 내부의 장식과 구조, 정원의 배치 등 모든 요소가 제국의 위엄과 계몽주의적 이상을 반영하고 있었다. 이는 오스트리아가 유럽의 문화적, 정치적 중심으로 부상하고 있음을 세계에 알리는 선언과도 같았다.

마리아 테레지아의 이러한 통치 능력은 그녀의 뛰어난 학습 능력에서 비롯되었다. 그녀는 적국인 프로이센에 대한 개인적 반감에도 불구하고, 이 작은 국가의 놀라운 힘의 원천을 이해하고자 했다. 이러한 개방적 태도는 그녀가 프로이센의 제도와 배경을 면밀히 관찰하고 분석하게 만들었다. 적으로부터 배우려는 이 진취적 자세는 그녀의 통치 철학의 근간이 되었고, 결과적으로 오스트리아 제국 발전에 큰 기여를 하게 되었다.

더불어 그녀의 리더십은 다른 여성 통치자들과 차별화되는 특징을 보인다. 특히 주목할 만한 점은 그녀가 남편과 장남과의 관계를 설정하는 방식이다. 가족 간의 갈등과 대립이 있었음에도 그녀는 이를 개인적 감정으로 치부하지 않았다. 대신, 그녀는 정치가로서 역할에 충실했으며, 국가 운영에 관한 원칙과 철학을 관료들의 조언을 통해 유연하게 조정해 나갔다.

이러한 마리아 테레지아의 접근 방식은 두 가지 중요한 특성을 보여준다. 첫째, 그녀의 경청하는 자세는 다양한 의견을 수용하고 최선의 결정을 내리는 데 도움이 되었다. 둘째, 혈연관계를 정치에서 배제하는 냉정함은 객관적이고 공정한 통치를 가능케 했다. 이러한 특성들이 마리아 테레지아가 오스트리아 제국을 한 단계 높은 수준으로 끌어올렸다는 평가를 받게 된 근거라고 할 수 있다.

그녀에 대한 역사적 평가는 때때로 그녀의 딸인 마리 앙투아네트와 연관 지어 이루어진다. 프랑스 혁명의 비극적 인물이 된 마리 앙투아네트의 이미지가 어머니인 마리아 테레지아의 업적을 가리는 것이다. 그러나 이는 마리아 테레지아의 실제 업적과 영향력을 과소평가하는 결과를 낳을 수 있다.

마리아 테레지아가 제국의 황제로서 이룩한 다양한 개혁 조치들은 그 자체로 큰 의미를 지닌다. 그녀의 통치 동안 이루어진 행정, 교육, 군사 분야의 개혁은 오스트리아 제국의 근대화와 발전에 중요한 토대가 되었다. 이러한 개혁들은 18세기 유럽 계몽절대주의의 대표적 사례로 평가받고 있다.

다만, 현재의 오스트리아가 마리아 테레지아 시대의 오스트리아와 직접적으로 연결되지 않는다는 점은 아쉬움으로 남는다. 역사의 흐름 속에서 제국의 해체와 국경의 변화로 인해 그녀의 업적이 현대 오스트리아에 미치는 직접적인 영향은 제한적일 수 있다. 하지만 마리아 테레지아의 통치 철학과 개혁 정신은 여전히 현대 정치인들에게 중요한 교훈을 제공하고 있음을 우리는 기억해야 할 것이다.

잉글랜드 절대왕정의 아이콘, 엘리자베스 1세

'해가 지지 않는 제국'. 세계사에 관심 있는 사람이라면 한 번쯤 들어봤을 이 용어는 유럽의 가장 서쪽에 위치한 섬나라 영국을 가리키는 말이다. 그리고 16세기경, 변방의 섬나라를 한층 성장시킨 왕이 있었다. 바로 영국에서 가장 존경받는 왕으로 손꼽히는 인물인 엘리자베스 1세(1533-1603)이다.

엘리자베스 1세는 '국가와 결혼했다'는 격언을 남기고 평생을 홀로 살며 정력적인 통치를 전개한 지도자였다. 또한 그는 당시 유럽 패권을 장악하고 있던 스페인의 무적함대를 격파하고 해상 주도권을 장악했으며, 동인도 회사를 설립하는 등 의욕적인 대외 팽창 정책을 전개함으로써 영국의 국력을 크게 신장시킨 왕으로 기억되고 있다.

흥미로운 사실은 엘리자베스가 헨리 8세의 자녀 중 왕위 계승 순위에서 가장 후순위에 있었다는 점이다. 그녀의 이복동생 에드워드 6세가 먼저 즉위했지만 병약한 탓에 일찍 세상을 떠났고, 이복자매였던 메리 1세는 그녀와 평생 경쟁 관계에 있던 사이였다.

그녀의 할아버지 헨리 7세가 문을 연 영국의 튜더 왕조는 엘리자베스 1세가 소위 '국가와 결혼'해 버리는 바람에 명맥이 끊기게 된다. 그리고 엘리자베스의 정적이자 메리 1세의 아들이기도 한 제임스가 그녀의 뒤를 이어 스튜어트 왕조를 열게 된다.

이 글은 정치적 업적에 비해 상대적으로 가려져 있었던 인간 엘리자베스 1세의 생애를 나눠보고자 한다. 역사를 보면 위인들은 일반인들보다 초인적인 능력을 보유한 경우도 있지만, 때로는 자신에게 주어진 운명을 극복하거나 개량해 가면서 능력을 펼쳐나가기도 한다. 우리가 만나볼 엘리자베스 1세는 후자에 가까운 인물이다.

가톨릭과 결별한 아버지 헨리 8세

15세기 말, 잉글랜드는 내전의 상흔을 극복하고 새로운 시대를 맞이하고 있었다. 랭커스터 가문과 요크 가문 간의 치열한 권력 다툼으로 알려진 '장미 전쟁'은 국가에 깊은 상처를 남겼다. 이 혼란의 시기에 등장한 인물이 바로 헨리 7세였다. 랭커스터 가문 출신인 그는 1485년 왕위에 오르며 튜더 왕조의 문을 열었다.

헨리 7세의 즉위는 단순한 권력 교체 이상의 의미를 지녔다. 그는 요크 가문의 엘리자베스와 전략적 혼인을 통해 두 가문을 통합하는 현명한 선택을 했다. 이는 빨간 장미(랭커스터)와 흰 장미(요크)의 화해를 상징하는 역사적 순간이었다. 이로써 그는 장기간 지속된 내전에 종지부를 찍고, 국가 안정을 위한 토대를 마련했다.

헨리 7세의 통치 동안 잉글랜드는 내정 안정에 주력했다. 백년전쟁과 장미 전쟁으로 인한 국력 소모를 회복하는 데 집중했으며, 이는 후대 튜더 왕조의 번영을 위한 중요한 기반이 되었다. 더불어 이러한 노력은 잉글랜드가 유럽 정세에서 더 큰 영향력을 행사할 수 있는 발판을 마련했다.

1509년에는 헨리 7세의 뒤를 이어 차남 헨리가 왕위에 올랐다. 헨리 8세로 알려진 그의 즉위는 예상치 못한 상황의 결과였다. 원래 왕위 계승 서열 1위였던 형 아서의 갑작스러운 사망으로 그가 잉글랜드의 새로운 통치자가 된 것이다.

헨리 8세의 즉위 과정에서 주목할 만한 점은 그의 결혼 상대였다. 그는 형의 미망인이자 에스파냐 공주 캐서린과 혼인했다. 이는 단순한 가족 내 문제가 아닌, 국제 정세를 고려한 전략적 선택이었다. 당시 유럽 최강국이었던 에스파냐와의 동맹을 유지하고, 프랑스를 견제하기 위한 정치적 계산이 깔려 있던 것이다.

이러한 배경을 바탕으로 시작된 헨리 8세의 통치는 초기에 안정적으로 보였다. 그러나 시간이 흐르면서 예기치 못한 문제가 발생하기 시작했다. 캐서린과의 사이에서 태어난 여섯 명의 자녀 중 오직 메리 공주만이 살아남았고, 이는 왕위 계승에 대한 불안감을 초래했다. 이러한 상황은 헨리 8세로 하여금 새로운 결혼을 고려하게 만드는 계기가 되었다.

16세기 초, 유럽은 종교개혁이라는 거대한 변화의 소용돌이 속에 있었다. 흥미롭게도 헨리 8세는 초기에 이러한 개혁에 반대하는 입장이었다. 그는 '7성사옹호론'을 통해 루터의 주장을 비판하며 로마 가톨릭교회를 지지했고, 이로 인해 교황 레오 10세로부터 '교회보호자'라는 칭호를 받기도 했다.

그러나 헨리 8세의 입장은 개인적인 문제로 인해 크게 변화하게 된다. 젊은 시녀 앤 불린과 가까워지면서 캐서린과의 이혼을 추진하게 된 것이다. 이는 단순한 개인사의 문제를 넘어 국제 정세와 종교적 갈등이 얽힌 복잡한 사안이 되었다. 로마 교황의 입장에서 에스파냐 공주 캐서린과의 이혼을 승인하는 것은 매우 민감한 문제였다.

결국 1534년, 헨리 8세는 수장령을 반포하며 로마 가톨릭교회와 결별을 선언한다. 그는 교황이 아닌 자신을 잉글랜드 국교회의 최고 수장으로 선언하고, 이를 따르지 않는 교회와 성직자를 처벌할 수 있도록 조치했다. 또한 수도원과 성직자들의 재산을 몰수함으로써 잉글랜드 통치에 필요한 재정도 확보했다. 이는 교황의 견제 없이 캐서린과 이혼하겠다는 의지인 동시에, 에스파냐와의 대립을 의미하는 것이었다. 이는 잉글랜드 역사상 가장 중요한 전환점 중 하나로 평가된다. 국왕이 잉글랜드 교회의 수장이 되면서 종교와 정치의 새로운 질서가 형성되었고, 후대 잉글랜드의 정치, 사회, 문화에도 지대한 영향을 미쳤기 때문이다.

여섯 번의 결혼이 낳은 비극

헨리 8세의 수장령 발표는 단순히 캐서린과의 이혼을 위한 것이었는가, 아니면 더 큰 정치적 전략의 일환이었는가? 이는 역사학자들 사이에서 오랫동안 논쟁의 대상이 되어왔다. 일반적으로 전자의 견해가 널리 알려져 있지만 이는 헨리 8세를 개인적 감정에 좌우되는 통치자로 단순화시킬 위험이 있다. 실제로 헨리 8세의 결정은 더 복잡하고 전략적인 고려에서 비롯되었을 가능성이 높다.

헨리 8세가 직면한 핵심 문제는 잉글랜드 통치에 대한 가톨릭 세력의 영향력이었다. 이혼 문제를 통해 그는 가톨릭 세력이 언제든 자신의 통치에 반대하거나 견제할 수 있는 주요 세력임을 인식하게 되었다. 더욱이, 이 가톨릭 세력의 배후에는 강력한 해군력을 지닌 에스파냐가 존재했다. 오스만 투르크를 물리친 스페인 함대의 존재는 잉글랜드에 상당한 위협으로 작용했다.

따라서 수장령은 단순한 이혼 수단을 넘어, 로마 교황으로부터의 독립과 잉글랜드 국내 정치에 대한 완전한 통제권 확보를 위한 전략적 결정이었다고 볼 수 있다. 이는 유럽 내 가톨릭 국가들로부터의 고립을 감수하면서까지 추진된 대담한 정치적 행보였다. 헨리 8세는 개인적 욕망과 정치적 필요성이 교차하는 지점에서 잉글랜드의 미래를 크게 바꾸는 결정을 내린 것이다.

헨리 8세는 국제적 고립을 감수하고 앤 불린과 결혼했지만, 그의 바람과 달리 앤 불린은 딸을 출산한다. 이 딸이 바로 엘리자베스 1세다. 아버지는 냉혹했다. 앤 불린이 왕자를 출산하지 못하자 간통죄를 저질렀다는 죄목으로 그녀를 처형시켜 버린 것이다. 엘리자베스는 분명 공주였지만, 어머니가 형장의 이슬로 사라진 불안정한 상황에 놓이게 된다. 헨리 8세는 이후 네 번 더 결혼했다. 특히 제인 시모어 사이에서는 그토록 바랐던 왕자 에드워드를 얻었지만, 그녀마저 요절해 버렸다.

결론적으로 헨리 8세는 가톨릭과의 단절로 인해 자신의 후계자들에게 잉글랜드의 복잡한 정치사를 넘겨주게 된다. 수백 년 동안 자리 잡았던 잉글랜드 인들의 신앙 체계를 권력으로써 강제한다는 점은 그 자체로도 엄청난 정치적 부담이었기 때문이다. 더욱이 잉글랜드 국교회는 루터파나 칼뱅파와 같은 대륙의 개신교 교리를 그대로 따르지 않았다. 국왕을 교회의 수장으로 두는 독특한 구조는 헨리 8세의 정치적 의도가 반영된 결과였다. 이러한 '어중간함'은 훗날 아들 에드워드 6세와 장녀 메리 1세 시기에 정치적 혼란이 야기되는 원인이 된다.

유능한 신하와 함께 성장한 군주

한편 에드워드 6세의 뒤를 이어 왕위에 오른 메리 1세는 자신의 어머니 캐서린의 영향을 받아 로마 가톨릭으로의 회귀를 강력히 추진했다. 그녀는 신교도는 물론이고 잉글랜드 국교회까지 가톨릭으로 개종할 것을 천명했고, 이를 거부하는 수백 명을 처형해 '피의 메리'라고까지 불렀다. 더불어 그녀는 에스파냐와의 관계 개선을 위해 펠리페 2세와 혼인했지만, 후사를 남기지 못했다. 이는 영국 왕위 계승에 새로운 변수를 만들어냈고, 결과적으로 이복동생 엘리자베스가 후계자로 지명되는 계기가 되었다.

엘리자베스 1세는 자신의 존재 자체가 아버지 헨리 8세의 수장령에 기인한다는 사실을 명확하게 인식하고 있었다. 또한 잉글랜드 국교회는 로마 교황청과 결별하기는 하였으나, 루터나 칼뱅의 교리를 완전히 따르는 신교와는 차이가 있었다. 이에 그녀는 즉위 직후 통일령을 반포하여 잉글랜드 국교회를 공식화했다. 더불어 가톨릭과 청교도를 모두 원칙적으로 금지함으로써, 극단적인 종교적 대립을 방지하고자 했다. 메리의 강경책과는 대조적인 중도적 접근법을 취한 것이다.

이후 그녀는 자신의 통치를 보좌할 수 있는 유능한 인물들을 적극적으로 발굴하고 등용하기 시작했다. 로버트 더들리, 윌리엄 세실, 프랜시스 월싱엄, 프랜시스 베이컨 등이 그녀의 치세 동안 중요한 역할을 한 관료들이다. 이들 중 특히 로버트 더들리와 윌리엄 세실은 여왕의 두터운 신임을 받았다.

로버트 더들리는 엘리자베스 1세와 유년 시절을 함께 보낸 인물이었다. 그는 에드워드 6세 시기에 이미 국왕 측근으로 활동했으며, 메리 여왕 시절 런던탑에 갇혔을 때 엘리자베스와 같은 처지에 있었다. 그녀가 여왕으로 즉위한 뒤, 더들리는 말단 관료에서 시작해 1562년에는 추밀원 의원으로 임명되어 여왕의 총신으로 활약하게 된다.

윌리엄 세실의 경우, 그의 능력과 경험이 엘리자베스 1세의 눈에 들어 중용되었다. 케임브리지 대학을 졸업한 엘리트였던 세실은 에드워드 시모어의 비서관과 에드워드 6세의 국무대신을 역임한 풍부한 행정 경험을 가지고 있었다. 또한 그는 당시 신흥 지배 세력이었던 젠트리 출신으로, 시대의 변화를 반영하는 인물이었다. 엘리자베스 1세는 세실을 추밀원의 고문관으로 임명하여 그의 능력을 국정 운영에 적극 활용했다.

엘리자베스 1세는 더들리와 세실을 중심으로 하는 두 개의 정치 세력을 양성하고, 이들을 적절히 활용하여 자신의 통치를 안정화했다. 이는 단일 세력에 의존하지 않고 균형을 유지하는 전략으로, 그녀의 뛰어난 정치적 수완을 보여준다.

엘리자베스의 통치 방식은 그녀의 아버지인 헨리 8세와 동생 에드워드 6세, 언니 메리 여왕의 통치와는 크게 달랐다. 헨리 8세가 자신의 통치력에만 의존했던 것과 달리, 엘리자베스는 유능한 신하들의 조언을 적극적으로 수용했다. 에드워드 6세가 외가의 전횡을 묵인했던 것과 달리, 그녀는 권력의 균형을 유지했다. 또한 메리 여왕이 남편인 에스파냐 국왕 펠리페 2세의 세력에 의존했던 것과 달리, 엘리자베스는 독립적인 통치 기반을 구축했다. 그리고 이러한 그녀의 통치 전략은 잉글랜드의 안정과 발전을 이끄는 토대가 된다.

내정과 외정 모두 성공한 대영제국의 지도자

나아가 엘리자베스 1세는 영국의 재정 문제를 명확히 인식하고 있었다. 특히 그녀는 헨리 8세의 수장령과 메리 1세의 프랑스 내 영국 영토 상실이 가져온 재정적 부담을 깊이 이해했다. 이러한 상황에서 엘리자베스 1세는 섬나라인 영국의 지리적 특성을 활용한 해결책을 모색했다. 즉, 상공업의 중요성을 인식하고, 해적 세력을 적극 활용하는 전략을 한 것이다. 프랜시스 드레이크와 같은 해적들은 신대륙으로부터 막대한 귀금속을 운반하는 에스파냐의 무역로를 공격했다. 이러한 전략은 결국 1588년 에스파냐 무적함대의 잉글랜드 침공으로 이어졌지만, 영국 해군은 이들을 전멸시키는 성과를 거두었다. 이 승리는 영국의 해상 강국으로써의 지위를 공고히 하고, 엘리자베스 1세의 통치력을 과시하는 계기가 되었다.

엘리자베스 1세는 내정에도 많은 힘을 기울였다. 당시 영국은 농촌 경제에 큰 변화가 일어나고 있었다. 인클로저 운동의 확산과 함께 양모 수출 중심의 상업적 농업이 발달하면서 농촌 사회 구조가 크게 변화한 것이다. 이는 일부 계층의 경제적 이익이 커지는 데 도움을 주기도 했지만, 동시에 농민 계층의 분화를 초래했다. 변화에 적응하지 못한 농민들이 도시 노동자가 되거나 대거 빈민으로 전락하는 문제가 발생한 것이다. 그녀는 이러한 사회 문제에 적극적으로 대응하기 위해 1563년 직인조례와 1601년 구빈법을 시행했다. 이중 구빈법은 교회 각 교구에 감독관을 두어 노동이 가능한 빈민에게는 일자리를, 노동이 불가능한 빈민에게는 구호물자를 제공하도록 한 정책이었다. 국가가 교회의 역할을 대신하게 된 수장령의 취지를 살리는 동시에 사회복지 정책의 문을 연 결정이 이뤄진 것이다.

    그녀의 통치 동안 영국은 경제적, 군사적으로 큰 발전을 이루었다. 그녀는 유능한 인재를 등용하여 국정을 운영했으며, 국왕으로서 역할에 대해 명확한 인식을 가지고 있었다. 또한 해상 무역의 확대와 에스파냐 무적함대의 격퇴는 영국이 해양 강국으로 부상하는 계기가 되었다. 엘리자베스 1세의 통치는 일부 측근만을 편애했다는 비판에도 불구하고, 전반적으로 높은 평가를 받고 있다. 엘리자베스 1세의 시대는 영국 역사상 '황금기'로 불리며, 그녀 또한 영국 최고의 군주 중 한 명으로 인정받고 있다.

혼인 동맹을 거부한 여성 군주

엘리자베스 1세는 당대 유럽 왕정 국가들의 일반적인 관행이었던 혼인 동맹을 거부한 독특한 군주였다. 혼인 동맹은 오랫동안 정치적 세력을 연합하는 효과적인 수단으로 사용되었다. 당시 유럽의 여러 유력한 군주들이 엘리자베스와의 혼인을 통해 영국과의 동맹을 꿈꿨다. 스페인의 펠리페 2세, 오스트리아의 카를 대공, 스웨덴의 에리크 14세, 프랑스의 앙주 공작 앙리와 알랑송 공작 프랑수아 등이 그 후보로 거론됐다.

"나는 국가와 결혼했다"고 말한 엘리자베스의 이러한 선택은 그녀의 개인적 경험과도 깊은 관련이 있다. 먼저 그녀의 아버지 헨리 8세의 복잡한 혼인사와 어머니 앤 불린의 비극적인 최후는 엘리자베스에게 큰 교훈이 되었을 것이다. 또한 그녀는 자신과 오랜 기간 대립 관계를 유지한 메리 1세를 통해 혼인 동맹의 위험성도 목격했다. 메리는 프랑스 발루아 왕조의 프랑수아 2세와 결혼했지만, 병약한 프랑수아 2세의 죽음으로 스코틀랜드로 돌아간 전력이 있었다. 이 시기 그녀는 복잡한 스코틀랜드의 정치적 혼란과 맞물려 왕위에서 밀려나기도 했다. 정치력을 혼인 동맹에 지나치게 의존할 때, 자신의 권력마저 위협받을 수 있다는 사실을 그녀는 경쟁자를 통해 확인한 것이다.

엘리자베스는 혼인 대신 자신의 능력 개발에 집중했다. 그녀는 학문, 언어, 역사 공부에 몰두하며 자신의 정치적 역량을 키웠다. 이는 당시 영국 사회가 귀족 중심에서 신흥 지주계급 중심으로 변화하는 시대적 흐름과도 맞물려, 그녀가 능력 있는 군주로 인정받는 데 큰 역할을 했다. 그리고 결과적으로 이는 종교적 지향점이 달랐던 메리 여왕이 그녀를 후계자로 내세울 수밖에 없었던 배경이자, 윌리엄 세실을 중심으로 하는 신흥 지주계급 출신 관료들이 엘리자베스를 지지하고 조력했던 배경으로 작용한다.

그러나 엘리자베스의 통치 방식에는 분명 한계도 있었다. 그녀는 측근들에게 과도하게 의존하는 경향이 있었고, 이들에게 경제적 독점권을 부여하는 방식으로 충성을 확보했다. 이는 후에 스튜어트 왕조 시기에 왕실과 의회 사이의 갈등을 초래하는 원인 중 하나가 되었다. 내부적으로도 여러 도전에 직면했다. 가톨릭 세력의 반발과 메리 스튜어트를 중심으로 한 반란 시도, 그리고 의회에 진출한 청교도들의 정치적 영향력 증대 등이 그 예다. 이러한 도전들은 엘리자베스의 통치 능력을 시험하는 동시에, 영국의 정치 구조를 더욱 복잡하게 만드는 계기가 되었다.

그럼에도 엘리자베스 1세는 불우한 자신의 성장 환경에 좌절하지 않고, 존경받는 잉글랜드 최고 권력자가 된 인물이었다. 적어도 이 부분만큼은 그녀가 제대로 평가되어야 하지 않을까?

프로파일링 보고서

반면교사와 타산지석으로 '영국 그 자체'가 된 정치 행운아

 근대 영국의 초석을 닦은 헨리 8세는 여러 번 결혼했다. 이러한 그의 행동은 단순한 개인사가 아닌 영국의 미래를 위한 전략적 선택이었다. 일부에서는 그의 행동을 아버지가 강요한 형사취수혼의 트라우마로 해석하지만, 더 설득력 있는 견해는 당시 영국이 직면한 다양한 위기에 대응하기 위한 정치적 결단이었다는 것이다. 이러한 선택은 단기적으로 왕위 계승을 둘러싼 혼란을 불러일으켰지만, 장기적으로는 영국의 근대화와 세계 강국으로의 도약을 위한 초석을 마련했다.

 헨리 8세의 가장 중요한 유산 중 하나는 영국 국교회의 설립이다. 이는 단순한 종교개혁을 넘어 영국의 정치적, 경제적 독립성을 강화하는 계기가 되었다. 국교회 설립으로 영국은 유럽 대륙의 종교 갈등에서 한발 물러나 있을 수 있었고, 이는 복잡한 혼인 동맹이나 왕위 계승 전쟁에서 상대적으로 자유로운 입지를 확보하게 해주었다. 더 나아가 이러한 독립적 위치는 영국이 대항해 시대의 경쟁에서 주도권을 잡는 데 결정적인 역할을 했다.

엘리자베스 1세는 헨리 8세가 마련한 기반 위에서 영국을 진정한 근대 국가로 이끌어갔다. 그녀의 리더십은 이전의 여왕들과는 확연히 달랐다. '국가와 결혼했다'는 표현에서 짐작할 수 있는 것처럼 엘리자베스는 남편이나 자식을 통한 간접적인 정치가 아닌, 직접 국가 원수로서 역할을 수행했다. 이는 단순히 군림하는 것이 아닌, 적극적으로 국정을 운영하는 새로운 형태의 왕권 행사였다.

엘리자베스의 정치 스타일은 매우 실용적이고 효율적이었다. 그녀는 유능한 행정 실무가들을 직접 발탁하고, 전략적인 선택과 집중을 통해 내외부의 정치적 난관들을 극복해 나갔다. 특히 재정 안정, 해외 진출, 그리고 구빈법 실시를 통한 내부 안정 등에 집중했다. 이러한 정책들은 영국의 경제적 기반을 강화하고 사회적 안정을 도모하는 데 크게 기여했다.

엘리자베스 시대의 큰 업적 중 하나는 새로운 정치 엘리트 집단의 육성과 등용이었다. 대학에서 교육받은 지식인들을 정책 결정 과정에 적극 참여시킴으로써 보다 전문적이고 효율적인 국가 운영이 가능해졌다. 이는 영국이 근대 국가로 발전하는 데 있어 핵심적인 요소였으며, 후에 대영제국의 기반이 되는 행정 체계를 확립하는 데 결정적인 역할을 했다.

엘리자베스 1세의 통치는 영국 역사상 가장 성공적인 시대 중 하나로 평가받는다. 그러나 이 모든 성과를 단순히 그녀의 개인적 역량만으로 설명하기는 어렵다. 정치의 세계에서는 때때로 보이지 않는 요소들이 결정적인 역할을 하곤 한다. 엘리자베스의 경우, 그녀를 둘러싼 정치적 환경과 이전 통치자들의 유산이 그녀의 성공에 중요한 밑거름이 되었다.

엘리자베스 이전의 튜더 왕조 통치자들, 즉 아버지 헨리 8세와 이복형제 에드워드 6세, 그리고 이복자매 메리 1세의 시대를 거치면서 영국의 정치 지형은 크게 변화했다. 이 과정에서 정적과 동지가 명확히 구분되었고, 첨예한 갈등으로 인해 다양한 정치 세력들의 힘이 약화되었다. 특히 메리 1세의 구교 회귀 정책은 역설적으로 엘리자베스에게 유리한 정치적 환경을 조성했다.

이러한 상황은 엘리자베스에게 일종의 '낮은 기저효과'를 제공했으며, 종교 갈등으로부터의 독립이라는 중요한 정치적 자산을 가져다주었다. 엘리자베스는 이전 통치자들의 실패를 교훈 삼아, 때로는 강력하게, 때로는 안정적으로 국정을 운영해 나갔다. 그리고 그녀는 이러한 정치적 행운을 자신의 역량과 결합시켜 마침내 자신과 영국이 동일시되는 데 성공했다.

권력을 가진 자들이 빈번하게 저지르는 잘못 두 가지가 있다. 그 중 하나는 자신이 이룬 업적을 오로지 자신만의 위대함으로 착각하는 것이다. 다른 하나는 자신의 후계에 무리하게 개입하는 것이다. 두 경우 모두 지금까지 이룬 정치적 안정을 스스로 잃어버리는 결과를 초래하곤 한다. 반면 엘리자베스는 재위 내내 정치적인 안정을 유지했고 후계에 있어서 오히려 자신의 정치적인 반대파에 속하는 메리 스튜어트의 아들 제임스를 선택했다. 물론 속마음은 알 수 없지만, 이는 정치적으로 매우 냉정하면서도 현명한 선택이었다. 그녀는 끝끝내 영국 그 자체가 된 것이다.

편견과 오해 속에 산 왕비 혹은 적, 마리 앙투아네트

프랑스 역사는 종종 외국 출신 여성들의 영향력으로 물들어왔다. 그중에서도 마리 앙투아네트는 가장 많은 비난을 받은 인물로 손꼽힌다. 메디치 가문 출신으로 프랑스의 왕비가 된 카트린 드 메디시스와 비교될 만큼 그녀의 존재감은 컸다. 그러나 두 여성의 역사적 평가는 극명하게 갈린다. 카트린 드 메디시스는 뛰어난 정치력으로 종교 갈등을 조율하고 왕권을 강화한 반면, 마리 앙투아네트의 운명은 훨씬 비참 혹은 비극적이었다.

 마리 앙투아네트와 루이 16세는 프랑스 혁명의 소용돌이 속에서 국민공회에 의해 처형되었다. 프랑스 절대왕정의 구조적 문제들이 누적된 상황에서 바스티유 감옥 습격으로 촉발된 혁명의 직접적인 원인을 제공한 것이 루이 16세 시대였다는 점은 분명 중요하다. 더불어 내성적인 루이 16세에 비해 마리 앙투아네트가 대중에게 더 많이 노출되었다는 사실은 그녀에 대한 비판을 증폭시켰다.

마리 앙투아네트에 대한 평가는 단순히 그녀의 행동만이 아닌, 당시의 사회적 맥락과 대중의 인식이 복합적으로 작용한 결과이다. 그녀의 어머니인 마리아 테레지아와 비교해 부족했던 '제왕학'적 소양, 목걸이 사건으로 인한 왕실의 위신 실추 등은 그녀를 향한 비난의 화살을 더욱 날카롭게 만들었다. 이는 마리 앙투아네트를 재평가하려는 현대의 시각에서도 부인할 수 없는 사실이다.

마리 앙투아네트가 프랑스인들에게 호감을 얻기 힘들었다는 전제에서 출발해 그녀의 생애를 살펴보고자 한다. 오스트리아 출신의 이 왕비는 프랑스 왕실에 들어온 순간부터 끊임없는 비난과 의심의 대상이 되었다. 당시 프랑스인들의 외국인 왕비에 대한 편견은 극에 달했으며, 이는 그녀의 생애 전반에 걸쳐 깊은 그림자를 드리웠다.

그런데 흥미롭게도, 같은 시기 유럽의 다른 지역에서는 외국 출신 여성 통치자들이 성공적으로 권력을 잡고 있었다. 러시아의 예카테리나 2세는 프로이센 출신임에도 불구하고 남편을 몰아내고 여제로 군림했으며, 마리 앙투아네트의 모친인 마리아 테레지아 역시 강력한 통치자로 명성을 떨쳤다.

이러한 대조는 그녀가 처했던 상황의 특수성을 더욱 부각시킨다. 프랑스에서 그녀는 단순히 외국인이라는 이유만으로도 극복하기 힘든 장벽에 직면한 것이다. 그녀를 향한 비난, 그리고 폭력은 대체 무엇에서 비롯된 걸까?

경쟁의 종식, 그리고 또 다른 문제의 시작

18세기 유럽의 정치 지형은 프랑스의 부르봉 왕조와 오스트리아의 합스부르크 왕조를 중심으로 형성되었다. 한때 유럽 전역을 지배했던 합스부르크 가문은 종교개혁 이후 점차 그 영향력이 감소하고 있었다. 이러한 상황에서 루이 14세가 이끄는 부르봉 왕조가 새로운 도전자로 부상하며 유럽의 세력 균형에 변화를 예고했다. 그러나 북독일 지역에서 군사력을 바탕으로 급부상한 프로이센이 또 다른 변수로 등장하면서, 유럽의 권력 구도는 더욱 복잡해졌다.

오스트리아 왕위 계승 전쟁은 이러한 복잡한 정세를 단적으로 보여주는 사건이었다. 카를 6세의 딸 마리아 테레지아의 왕위 계승을 둘러싸고 프로이센이 전쟁을 일으켰고, 프랑스는 이 상황을 자국의 이익을 위해 교묘히 이용했다. 3차에 걸친 전쟁 끝에 오스트리아는 프로이센의 위협을 실감하게 되었고, 이는 마리아 테레지아로 하여금 전통적인 적대국이었던 프랑스와의 관계 개선을 모색하게 했다.

이러한 배경 속에서 마리아 테레지아는 프랑스와의 결혼 동맹을 추진하게 된다. 당시 프랑스의 루이 15세는 유럽 패권에 대한 야심이 상대적으로 적었기 때문에, 오스트리아와 동맹이 가능했다. 분명 이는 오랜 기간 지속되어 온 두 강대국 간의 대립 관계를 종식시킬 수 있는 기회였으며, 동시에 유럽의 세력 균형에 새로운 변화를 가져올 수 있는 중요한 전환점이었다.

1770년, 15세의 마리 앙투아네트와 프랑스 왕세자 루이의 결혼은 오스트리아와 프랑스 간의 오랜 적대 관계를 종식시키는 상징적인 사건이었다. 이 결혼은 단순한 개인의 결합을 넘어, 두 강대국 간의 정치적 동맹을 공고히 하는 외교적 성과였다. 그러나 이 결혼은 동시에 예상치 못한 내부적 변수를 프랑스에 가져오게 되었다.

마리 앙투아네트는 마리아 테레지아의 막내딸로, 국정 경험이나 귀족들을 다루는 기술이 부족했다. 당시 유럽 사회에서 여성의 정치 참여가 제한적이었던 점을 고려하면 어쩌면 당연한 결과였다. 그러나 마리 앙투아네트가 결혼하는 프랑스 왕실은 당대 유럽 왕실에서 가장 정교한 궁정 예법을 자랑하는 국가였다. 루이 14세가 신성한 왕권을 뒷받침하는 공간으로 베르사유 궁전을 조성한 것이 바로 그 예다.

마리아 테레지아는 딸의 이러한 상황을 인지하고 있었다. 그녀는 마리 앙투아네트에게 수차례 편지를 보내 모범적인 언행을 요청하고 가르치고자 했다. 그러나 베르사유 궁전과 쇤브룬 궁전은 너무 멀었다.

불안정한 상황이 만든 비난과 혐오

마리 앙투아네트가 남편 루이 16세보다 더 비판받아야 할 인물은 아니었다. 프랑스 절대왕정의 시스템을 이해하기에 마리 앙투아네트는 너무 어리고 순진했다. 그녀는 프랑스 절대왕정의 측근과 관료들이 오롯이 루이 16세와 자신을 신심으로 보좌하고 충성을 다 할 것이라 믿었다. 그렇다면 당시 프랑스 절대왕정은 어떤 상황이었을까.

루이 14세의 오랜 재위 기간과 당시 왕실에서 유행한 천연두로 인해 프랑스 왕실은 독특한 상황에 직면했다. 루이 14세의 사망 후, 그의 증손자인 루이 15세가 왕위를 계승하게 된 것이다. 이는 왕실의 세대 간 격차를 크게 만들었고, 이후의 정치적 역학에 큰 영향을 미쳤다.

　루이 15세의 통치 동안, 그의 사생활은 정치적으로 중요한 요소가 되었다. 특히 그의 정부였던 퐁파두르 부인과 뒤바리 부인에 대한 총애는 왕실 내부의 긴장을 고조시켰다. 그에게는 아델라이드, 빅투아르, 소피라는 세 명의 공주가 있었다. 이들은 일반적인 공주들과는 달리 결혼하지 않고 부친 곁에서 살면서 국정에 깊은 관심을 보였다. 이 세 공주는 특히 뒤바리 부인의 영향력에 대해 강한 반감을 가졌다. 그들은 뒤바리 부인이 루이 15세를 조종하는 것에 분노했고, 이후 마리 앙투아네트가 뒤바리 부인과 가까워지는 것을 적극적으로 저지하기도 했다.

　여기서 중요한 건 마리 앙투아네트의 당시 프랑스 왕실 내 정치적 위치가 어떠했는가 하는 점이다. 그녀는 오스트리아 출신의 외국인 신부로서 프랑스 왕실에 들어왔을 때부터 많은 주목을 받았다. 그러나 그녀의 위치는 불안정했다. 루이 16세에게는 프로방스 백작(후의 루이 18세)과 아르투아 백작(후의 샤를 10세)이라는 두 명의 남동생이 있었고, 이들은 루이 16세와 마리 앙투아네트 사이에 자손이 없는 경우 왕위 계승자가 될 수 있었다.

　마리 앙투아네트가 결혼 후 7년 동안 자손을 낳지 못했다는 사실은 그녀의 정치적 입지를 더욱 불안하게 만들었다. 이는 단순히 개인적인 문제가 아니라 왕실의 미래와 직결되는 중요한 정치적 문제였다. 루이 16세의 부부관계 방식이 원인으로 지목되어 후에 교정되었다는 것은, 당시 왕실의 사생활까지도 정치적 중요성을 띠고 있었음을 보여준다.

이러한 상황은 마리 앙투아네트에 대한 내재된 비난의 원인이 되었다. 만약 그녀가 후사를 낳지 못한다면, 루이 16세의 동생들이 왕위를 계승할 가능성이 높아졌기 때문이다. 반대로 그녀가 자녀를 낳게 되면, 이 두 백작은 다음 왕의 숙부로 그 위상이 낮아지는 상황이었다.

이런 상황에서 1774년 루이 15세가 천연두로 세상을 떠나며, 프랑스 왕실은 새로운 시대를 맞이하게 되었다. 루이 16세의 즉위는 단순히 왕의 교체를 넘어 프랑스의 정치적 지형에 큰 변화를 가져왔다. 젊은 루이 16세와 마리 앙투아네트는 프랑스의 최고 통치자가 되었지만, 그들 앞에는 수많은 도전과 과제가 놓여 있었다.

루이 16세는 선대 루이 14세가 확립한 절대왕정의 유산을 물려받았지만, 그의 성격은 이러한 체제를 효과적으로 운영하기에는 부족한 면이 많았다. 그는 사람 좋은 통치자였지만, 당시 프랑스가 필요로 했던 냉철하고 지성적인 마키아벨리즘적 통치자와는 거리가 멀었다. 이는 분명 앞으로 프랑스가 직면할 여러 문제를 해결하는 데 있어 중요한 약점이 될 수밖에 없었다.

몰이해와 편애가 연 몰락의 서막

루이 14세의 베르사유 궁전 건립은 단순한 건축물 이상의 의미를 지녔다. 이는 프랑스 국왕의 절대적 권력을 상징하는 정교한 사상적, 문화적 장치였다. 궁전은 단순히 거주 공간이 아닌, 권력의 중심지이자 정치적 무대로 기능했다. '궁정사회'라는 시스템은 복잡한 예절과 규칙으로 가득 찼으며, 이를 완벽히 이해하고 활용하는 것이 궁정에서 생존하고 번영하는 열쇠였다.

그러나 이 정교한 시스템을 모든 이가 완벽히 이해한 것은 아니었다. 특히 마리 앙투아네트는 베르사유 궁전에서 열리는 무도회의 진정한 의미를 파악하지 못했다. 그녀에게 무도회는 단순히 화려하고 아름다운 사교의 장으로만 보였다. 하지만 실제로 무도회는 복잡한 정치적 관계와 권력 구도를 반영하는 중요한 사회적 장치였다. 이는 마리 앙투아네트가 프랑스 궁정 문화의 깊이를 제대로 이해하지 못했음을 보여주는 단적인 예시이다.

이러한 이해의 부족은 마리 앙투아네트의 통치 동안 여러 문제가 야기됐다. 그녀는 궁정의 복잡한 권력 구조와 인간관계를 제대로 파악하지 못한 채, 개인적인 호감이나 감정에 따라 행동하는 경향이 있었다. 이는 결과적으로 그녀를 둘러싼 정치적 환경을 더욱 불안정하게 만들었고, 프랑스 혁명으로 이어지는 여러 요인 중 하나로 작용했다.

이를 단적으로 보여주는 예가 바로 그녀와 폴리냑 백작 부인의 관계이다. 두 사람의 만남은 우연한 계기로 시작되었다. 이 관계는 빠르게 발전하여 마리 앙투아네트가 폴리냑 백작 부인을 총애하게 되는 상황으로 이어졌다. 외국인 신분으로 프랑스 궁정에 적응해야 했던 마리 앙투아네트에게 폴리냑 백작 부인의 친근한 태도는 큰 위안이 되었을 것이다.

그러나 이 관계는 곧 불균형한 양상을 띠게 되었다. 폴리냑 백작 부인은 마리 앙투아네트와의 친분을 이용해 상당한 경제적 이익을 취했다. 기록에 따르면, 마리 앙투아네트는 폴리냑 백작 부인의 빚 40만 리브르를 직접 갚아주었고, 그 가족들에게도 막대한 재정적 지원과 지위를 제공했다. 이는 당시 프랑스의 경제 상황을 고려할 때 상당히 과도한 특혜였다.

이러한 행동은 궁정 내 다른 귀족들의 시기와 질투를 불러일으켰다. 마리 앙투아네트가 폴리냑 백작 부인에게 보인 편애는 다른 귀족들과의 관계를 소원하게 만들었고, 결과적으로 그녀의 정치적 입지를 약화시켰다.

고약한 사기극에 얽힌 여왕

그리고 1785년 8월 15일, 마리 앙투아네트의 명성을 한 번에 앗아간 사건이 일어난다. 바로 '목걸이 사건'이 터진 것이다. 이는 라모트 백작과 그의 부인이 자신들의 경제적 이익을 위해 당시 로앙 추기경에게 목걸이 구매 대금을 얻어낸 사건이었다. 라모트 백작 부부는 마리 앙투아네트의 대역까지 섭외하여 로앙 추기경을 속이는데 성공했다. 그렇다면 왜 하필 로앙 추기경이었을까?

   로앙 추기경은 그보다 앞선 1772년 오스트리아 빈에 프랑스 대사로 파견된 적이 있었다. 그는 당시 마리아 테레지아가 공식적으로는 비판적 견해를 내세웠지만, 국익을 위해 참가했던 폴란드 분할의 과정을 목격했다. 그는 마리아 테레지아를 위선자로 평가한 프로이센의 프리드리히 2세의 발언을 루이 15세와 뒤바리 부인에게 그대로 전달했고, 이는 마리 앙투아네트가 그에 대해 공개적으로 불쾌감을 나타내는 계기가 된다.

   하지만 문제는 1774년 루이 16세가 왕위에 오르며 생겼다. 새로운 왕의 총애를 얻고 싶었던 로앙 추기경이 여왕의 신임을 얻고자 동분서주하기 시작한 것이다. 이 사실을 알게 된 라모트 부인은 마리 앙투아네트와 비슷한 외모를 가진 여성을 섭외해 두 사람을 베르사유 궁전의 모처에서 독대하게 하는 사기극을 벌였다. 마리 앙투아네트가 자신을 미워한다고 생각했던 추기경은 감격했다. 하지만 독대는 그저 백작 부부의 사기극에 불과할 뿐이었다.

1786년 1월, 로앙 추기경이 바스티유 감옥에 수감 되며 사건의 전모가 밝혀지기 시작했다. 하지만 이 사건의 진실이 완전히 공개되기 전에 이미 많은 소문과 추측이 퍼져나갔다. 특히 프랑스 귀족들의 오해와 편견이 사건의 해석을 왜곡시켰다. 로앙 추기경이 '불경하게도' 왕비를 사칭한 이들에게 사기를 당했다는 내막을 자세히 몰랐던 이들은 마리 앙투아네트가 로앙 추기경의 체포에 관여했다고 믿은 것이다.

이 사건은 마리 앙투아네트의 이미지에 치명적인 타격을 입혔다. 사건의 진실은 중요하지 않았다. 사치와 외모에만 관심이 있다는 기존의 인식과 맞물려, 왕비에 대한 프랑스 대중의 불신과 반감이 급격히 증가하는 계기가 되었다. 로앙 추기경의 권위를 무시한 사람은 그저 마리 앙투아네트여야 했던 것이다. 외국인 왕비가 우리나라 추기경을 모욕했다는 사실이 중요했다.

여왕이 아닌 왕, 그리고 절대왕정의 실패

18세기 후반 프랑스는 깊은 위기에 빠져 있었다. 누적된 재정

적자와 이를 해결하기 위한 징세 문제가 사회 전반에 큰 부담으로 작용하고 있었다. 이러한 경제적 어려움은 단순한 재정 문제를 넘어 사회 구조적 모순을 드러내는 계기가 되었다. 동시에 출판 문화의 발달과 계몽사상의 보급으로 인해 민중의 의식이 깨어나기 시작했고, 이는 기존 체제에 대한 비판적 시각을 형성하는 데 큰 역할을 했다.

더불어 '외국인 왕비'인 마리 앙투아네트에 대한 혐오 표현과 부정적 인식도 파리를 중심으로 널리 퍼져 있었다. 이는 단순한 개인에 대한 비난을 넘어, 왕실과 귀족 계급 전반에 대한 불만의 표출이었다. 이러한 사회적 분위기 속에서 '제3신분' 대표들은 삼부회와 테니스 코트에서 국민의회를 결성하는 대담한 행동을 취할 수 있었다. 그들은 왕정의 위기를 명확히 인식하고 있었고, 이를 변화의 기회로 삼고자 했다.

그리고 프랑스 혁명 발발 2년 뒤인 1791년 6월, 루이 16세와 마리 앙투아네트가 프랑스를 탈출하려다 바렌에서 체포되는 사건이 발생했다. 이 '바렌 사건'은 혁명의 흐름을 완전히 바꾸어 놓았다. 자신이 곧 프랑스라고 여겼던 국왕이 '외국인 왕비'와 함께 국외로 도주하려 했다는 사실은 근왕주의자들조차 받아들이기 힘든 충격적인 사건이었다.

이 사건은 루이 16세와 마리 앙투아네트가 당시 진행되고 있던 혁명의 의미와 중요성을 전혀 이해하지 못하고 있었다는 점을 여실히 보여주었다. 그들이 혁명의 정당성을 인정하고 국민 요구에 귀 기울였다면, 상황은 달라졌을 수도 있었다. 그러나 절대왕정의 환경에서 자라난 그들에게 민중의 혁명은 단지 불쾌하고 위협적인 사건일 뿐이었다.

바렌 사건의 실패로 인해 제3신분의 분노는 극에 달했다. 이 사건을 계기로 혁명은 더욱 급진화되었고, 결국 국민공회가 수립되어 루이 16세와 마리 앙투아네트가 차례로 처형되는 결과를 낳았다. 바렌 사건은 프랑스 혁명이 단순한 개혁을 넘어 왕정 자체를 부정하는 방향으로 나아가게 만든 결정적 전환점이 된 것이다.

프랑스 혁명을 이해함에 마리 앙투아네트에 대한 과도한 비판은 재고될 필요가 있다. 그녀는 분명 외국인 왕비로서 많은 비난의 대상이 되었지만, 프랑스 절대왕정의 붕괴와 혁명의 핵심에는 루이 16세가 있었기 때문이다. '국가가 곧 자신'이라고 여겼던 루이 16세야말로 프랑스 혁명의 진정한 주인공이자 비극의 중심이었다.

나아가 루이 16세의 실패는 단순히 한 개인의 실패가 아닌, 프랑스 절대왕정 체제 전체의 실패를 상징한다. 그의 운명은 곧 오래된 체제의 종말과 새로운 시대의 시작을 알리는 신호탄이 되었다. 프랑스 혁명은 루이 16세라는 인물을 통해 절대왕정의 한계와 모순, 그리고 그 붕괴의 불가피성을 극명하게 보여준 것이다. 마치 조선의 숙종과 희빈 장씨의 관계로 비유한다면 지나친 표현일까. 루이 16세가 비판받아야 하는 요소들이 마리 앙투아네트로 전가되었다는 측면은 분명해 보인다.

프로파일링 보고서

단두대에 오른 악녀
혹은 희생양

역사적으로 왕의 배우자가 공개적으로 처형된 사례는 매우 드물다. 특히 마리 앙투아네트처럼 단두대에서 참수형을 당한 왕비는 그녀가 유일하다고 해도 과언이 아니다. 이는 단순히 형벌의 집행이라기보다는 정치적 퍼포먼스의 성격이 강한 사건이었다. 일반적으로 전쟁이나 변란 중에 붙잡힌 왕비는 인질로 이용되거나 자결의 기회를 허락받는 경우가 많았다. 즉, 왕비라는 존재는 통치의 주체가 아닌 상징적인 역할을 맡고 있었기 때문에 직접적인 책임을 묻는 일은 흔치 않았다.

루이 16세가 단두대에서 처형된 것은 통치자로서 책임 때문이었다. 하지만 마리 앙투아네트의 경우, 그녀의 처형은 개인적인 잘못보다는 정치적 필요와 민중의 분노를 잠재우기 위한 선택이었다. 그녀는 혁명 지도자들에게 '희생양'으로 필요했던 인물이었다.

프랑스 혁명은 급격한 사회적, 경제적 변화와 혼란을 동반했다. 대중은 자신들이 겪는 고통과 불만을 해결하기 위해 구체적인 책임의 대상을 찾았고, 마리 앙투아네트는 그 완벽한 표적이 되었다. 그녀가 오스트리아 출신의 외국인 왕비였다는 사실은 대중의 분노를 더욱 자극했다. 그녀는 사치스럽고 무책임한 귀족 문화를 상징하는 인물로 묘사되었고, "빵이 없으면 케이크를 먹으라 하라지요"라는 허구의 발언이 그녀의 이미지에 덧씌워졌다. 이는 그녀가 실제로 한 말이 아니었지만, 대중은 이를 사실로 믿으며 그녀에 대한 적개심을 키워갔다.

하지만 마리 앙투아네트가 단두대에 오른 것은 그녀가 저지른 행위 때문이 아니었다. 그녀의 처형은 그녀의 개인적 행동이나 사치로 설명될 수 없는 정치적 사건이었다. 왕비로서의 그녀가 프랑스의 경제적 위기와 정치적 부패를 초래하지 않았음에도, 대중은 그녀에게 모든 책임을 전가했다. 왕비의 사치가 왕국을 무너뜨릴 만큼의 영향력을 행사할 수는 없었으며, 그 책임은 오히려 통치자인 루이 16세에게 더 가까웠다. 하지만 혁명의 격변 속에서 대중은 더 분명하고 감정적으로 공감할 수 있는 희생양이 필요했고, 그 대상이 마리 앙투아네트였다.

혁명 지도자들에게 그녀의 처형은 정치적 의도와 실리를 모두 충족시키는 사건이었다. 외국 출신 왕비를 처형함으로써 혁명의 단호함과 혁명 정신을 국내외에 과시할 수 있었다. 동시에 대중이 분노를 표출하고 안정감을 찾을 기회를 제공했다. 단두대에서 떨어진 그녀의 머리는 단순한 형벌이 아니라, 민중의 분노를 잠재우기 위한 상징적 행위였다.

결국, 마리 앙투아네트는 프랑스 혁명의 격동 속에서 시대가 요구한 희생양이었다. 그녀가 단두대에 오르지 않았다면 어땠을까? 그녀와 루이 16세가 탈출에 성공했다면 다른 운명을 맞이했을까? 하지만 설령 탈출에 성공했더라도 그녀는 끝내 다른 방식으로 혁명의 희생자가 되었을 가능성이 높다. 혁명의 지도자들은 대중의 분노를 잠재우기 위해 또 다른 이유를 만들어냈을 것이고, 그녀는 그 대상에서 벗어나지 못했을 것이다.

마리 앙투아네트의 죽음은 프랑스 혁명이라는 거대한 소용돌이 속에서 개인이 역사의 흐름에 휩쓸리는 전형적인 사례다. 그녀는 단순히 사치스러운 왕비나 무책임한 귀족이 아니라, 혁명이라는 불가피한 변화 속에서 피할 수 없는 운명을 맞이한 인물이었다. 혁명은 언제나 피를 필요로 한다. 로베스피에르조차 단두대에 오른 것을 보면, 혁명은 자신을 정당화하기 위해 끊임없이 새로운 희생양을 요구했음을 알 수 있다. 마리 앙투아네트는 그 과정에서 가장 적합한 상징적 대상이었을 뿐이다.

그녀의 처형은 단순히 개인의 책임을 묻는 사건이 아니라, 민중의 심리적 욕구와 정치적 필요가 만들어낸 비극이었다. 그녀는 오스트리아 출신이라는 이유, 사치스러워 보인다는 이유, 그리고 대중이 혐오를 투영할 대상으로 선택받아 단두대에 올랐다. 결국, 그녀의 죽음은 프랑스 혁명의 불안정한 초기에 민중의 분노를 잠재우고 혁명의 열기를 유지하기 위한 상징적 제물이었다.

이처럼 마리 앙투아네트의 죽음은 그녀 개인의 잘못보다는 정치적 공학과 대중 심리가 만들어낸 비극이었다. 그녀는 프랑스 혁명의 흐름 속에서 필연적으로 희생된 인물이다.

제4장

신대륙의 위인들

라틴 아메리카 독립의 아버지,
시몬 볼리바르

 시몬 볼리바르(1783-1830)는 대다수에게 다소 생소하게 느껴지는 인물이다. 그러나 그는 라틴 아메리카 독립운동사에 있어 결코 빠질 수 없는 인물이다. 20세기에 라틴 아메리카에서 무장 독립운동을 전개했으며, 이를 통해 '해방자'라는 명예로운 호칭으로 불릴 만큼 높은 영향력을 발휘한 사람이기 때문이다.

 흥미로운 점은 시몬 볼리바르의 다소 복잡한 정체성이다. 그는 1783년 오늘날 베네수엘라의 수도인 카라카스 지역에서 태어났다. 어린 시절부터 라틴 아메리카의 다른 지역에서 일어난 독립전쟁 이야기를 들으며 자랐다. 바로 아이티 혁명이다. 아이티는 당시 프랑스의 식민지였는데, 지배를 받던 그곳의 흑인들을 중심으로 독립군이 결성되었고, 1804년에는 라틴 아메리카 최초의 독립국이 되었다. 시몬 볼리바르는 미국 독립전쟁과 아이티 혁명에서 깊은 동기부여를 받은 것으로 보인다. 그 이유는 자신이 크리오요Criole였기 때문이다.

크리오요란 라틴 아메리카 대륙에서 태어난 백인을 의미한다. 다시 말해, 그의 부모가 시몬 볼리바르를 식민지에서 낳았다는 이야기다. 당시 에스파냐 본토인들은 같은 백인임에도 크리오요를 차별했다. 뒤에 설명하겠지만, 라틴 아메리카 독립전쟁에 있어 중요한 활동을 전개한 프란시스코 데 미란다(1750-1816)와 호세 데 산마르틴(1778-1850)도 모두 크리오요 출신이다. 이들은 자신들에 대한 모국의 차별을 이해할 수 없었다. 식민지 경영을 위해 본토인들을 파견하는 것은 불가결한 일임에도, 정작 그곳에서 태어난 본토인의 자녀를 구분하고 배척한다는 건 납득하기 어려운 일이었다.

이런 상황에서 미국 독립전쟁과 아이티 혁명은 라틴 아메리카 지역의 크리오요에게 큰 정치적 자극을 주었다. 모국의 지속된 차별과 각종 경제적 부담에서 벗어나 독립된 나라를 세울 수 있다는 희망을 보았기 때문이다.

이 글에서는 시몬 볼리바르의 생애를 중심으로 라틴 아메리카의 독립 과정을 다뤄보고자 한다. 앞서 언급했듯이 라틴 아메리카의 독립전쟁은 에스파냐의 오랜 식민지 경영에 따른 구조적 모순의 누적, 그중에서도 크리오요에 대한 차별이 주요 동기가 되었다. 더불어 독립 이후, 크리오요들은 모국을 대신해 자신들이 신생 독립국을 어떻게 운영할지 고민했다. 시몬 볼리바르가 살펴본 미국과 아이티의 독립전쟁은 어떠했는지, 독립된 라틴 아메리카 국가들의 숙제는 무엇이라 여겼고, 그가 찾은 해답은 무엇이었는지 살펴보도록 하자.

조국의 독립을 외친 크리오요

시몬 볼리바르는 베네수엘라 출신의 부유한 크리오요였다. 이러한 배경은 독립운동가로서 그의 여정에 중요한 역할을 했다. 부모로부터 상속받은 농장과 노예들은 그에게 경제적 안정을 제공했고, 이는 그가 일찍이 에스파냐로 유학을 다녀오는 밑거름이 되었기 때문이다. 이때의 유학 경험은 볼리바르의 세계관을 형성하는 데 매우 결정적인 역할을 했다. 당시 유럽을 휩쓸고 있던 계몽사상에 노출되었고, 그가 자신의 정치적 이념을 형성하는 데 큰 영향을 준 것이다.

　라틴 아메리카의 독립운동은 단순한 식민 지배 탈피가 아닌,

복잡한 인종적, 사회적 갈등을 내포한 사건이기도 했다. 1795년 베네수엘라에서 발생한 '코로의 봉기'는 이러한 복잡성을 잘 보여주는 사례이다. 물라토와 흑인들이 연합하여 크리오요 지주들에 대항한 이 봉기는 비록 무자비하게 진압되었지만, 볼리바르에게 중요한 교훈을 남겼다. 독립운동이 단순히 에스파냐로부터의 분리만을 목표로 해서는 안 되며, 라틴 아메리카 사회 내부의 다양한 계층과 인종 사이의 갈등을 함께 고려해야 한다는 사실을 깨닫게 된 것이다.

볼리바르의 독립운동이 본격화된 계기는 역설적으로 나폴레옹의 에스파냐 침공이다. 페르난도 7세가 폐위되고 나폴레옹의 형제가 왕위에 오르는 등 에스파냐 본국의 정치적 혼란이 라틴 아메리카에 독립의 기회를 제공한 것이다. 이는 그에게 라틴 아메리카의 정치적 변화가 가능하다는 확신을 주었다.

그를 비롯한 라틴 아메리카 독립운동의 주요 인물들은 공통적으로 미국 독립전쟁을 모델로 삼았다. 미란다, 산마르틴, 베요 등의 인물들은 미국식 독립이 라틴 아메리카에도 적용 가능하다고 믿었다. 1811년 베네수엘라의 독립 선언은 이러한 이상을 반영한 것이었다. 미국식 연방제에 기초한 제1공화국 헌법이 반포되었지만, 이는 곧 에스파냐의 공격에 실패로 돌아갔다. 이 실패는 볼리바르로 하여금 라틴 아메리카의 현실에 맞는 독립 전략의 필요성을 깨닫게 했다.

볼리바르는 '카르타헤나 선언'과 '자메이카 편지'를 통해 자신의 독립 철학을 정립했다. 그는 미국식 연방제가 아닌, 강력한 중앙집권적 공화정이 라틴 아메리카의 현실에 더 적합하다고 주장했다. 그리고 이때의 실패를 거울삼아 독립군을 새롭게 조직하게 된다.

무너진 남아메리카 연합의 꿈

1817년 독립전쟁이 한창인 가운데 베네수엘라 제3공화국이 수립되었다. 그리고 이때 구성된 앙고스투라 제헌의회를 통해 시몬 볼리바르가 베네수엘라의 대통령으로 취임한다. 볼리바르는 이 시기에도 자신이 구상한 중앙집권적 공화정 체제를 강하게 역설했다. 라틴 아메리카의 인종적 다양성이 결과적으로 정치적 불안정성을 야기될 수 있다는 우려 때문이었다.

그의 주장은 라틴 아메리카 내에서도 큰 파장을 일으켰다. 독립운동의 선배 격인 미란다, 동시대에 아르헨티나를 독립시킨 산마르틴 등은 여전히 군주정을 주장하고 있었기 때문이다. 그러나 볼리바르는 새 독립국에는 특권 계층이 존재해서는 안 된다고 생각했다. 다만, 그는 당대에 조금씩 현실화 되고 있던 대의민주주의 체제 도입은 시기상조라고 판단했다. 마찬가지로 인종적 구성이 복잡한 라틴 아메리카에서 이러한 체제가 운영되기엔 불안정한 요소가 많다고 여겼기 때문이다. 이러한 생각을 바탕으로 볼리바르는 양원제 국회에서 상원을 세슙제로 운영하고, 후계자 지명권을 가진 종신형 대통령제를 주장하게 된다.

베네수엘라에서 공화국 수립의 꿈을 이룬 볼리바르는 군사를 이끌고 다른 라틴 아메리카 지역으로 진군했다. 1819년 12월, 누에바 그라나다와 베네수엘라, 키토를 묶어 그란 콜롬비아 공화국을 건설했다. 에스파냐라는 식민지배의 주인은 사라졌다. 이제 라틴 아메리카에서는 크리오요에서 혹인, 인디오, 물라토, 메스티소 등이 어우러져 신생 독립국의 주권자로서 살 수 있었다.

그러나 시몬 볼리바르는 독립만 달성한 상태의 사회, 경제적 불안정성이 야기될 연쇄 효과를 예상하지 못했다. 베네수엘라, 에콰도르 등 그란 콜롬비아 공화국에 속한 여러 지역이 내분 끝에 연달아 분리 독립을 선언한 것이다. 남아메리카 연합을 부르짖었던 볼리바르는 자신의 안방에서 그 꿈이 무너지는 광경을 지켜볼 수밖에 없었다. 그는 결핵에 시달리던 가운데 다음과 같이 절규했다.

"아메리카 대륙 전체는 피비린내 나는, 무질서가 난무하는 공포

스러운 무대가 되고 말았다. 우리들의 대 콜롬비아 공화국은 쓰러졌다 일어났다를 반복하고 있으며, 온 나라가 내전에 휩싸이고 있다. (중략) 볼리비아에서는 닷새 만에 세 명의 대통령이 바뀌었고, 그중 두 명은 암살되었다."

볼리바르가 언급한 암살된 대통령 중에는 그를 따라 독립전쟁에 참전했던 부관 출신의 수크레도 있었다. 낙심한 시몬 볼리바르는 대통령직을 사임하고 요양을 떠났다. 그리고 1831년 인생을 마무리한다. 마지막 순간까지 분노를 참을 수 없었던 그는 자신의 묘비명에 다음과 같은 내용을 써달라는 유언을 남겼다.

아메리카는 통치하기 불가능한 곳이니, 혁명투사들의 헌신은 마치 바다를 쟁기로 가는 셈이다. 이 나라(그란 콜롬비아)는 구제불능이므로 자제력을 상실한 군중의 수중에 떨어질 것이며, 그 뒤에는 온갖 종류의 피부색을 지닌 폭군에게 넘어갈 것이다.

절반의 해방

한편, 남아메리카의 독립운동은 그 자체로도 분명한 한계를 지니고 있었다. 우선 볼리바르와 비슷한 길을 걸었던 산마르틴의

사연을 살펴보자. 1817년 2월 12일 안데스산맥을 넘어 진군한 산마르틴의 군대는 에스파냐군을 몰아내고 독립을 달성한다. 이어 1821년 7월에는 페루를 해방 시키는 큰 업적을 남겼다.

산마르틴은 페루 독립 후 인디오들의 권리 향상을 위해 노력했다. 그들에게 부과되던 현물 납부와 광산에서의 강제노동을 금지 시킨 것이다. 하지만 그의 개혁 정책은 예상치 못한 저항에 부딪혔다. 독립전쟁에 조력하지 않은 페루 내 유산 계층이 이에 강하게 반발한 것이다. 그들은 인디오들에게 자유를 주면 노동력이 부족해져 경제가 무너질 것이라고 주장했다. 결국 그의 정책은 온전히 실현되지 못한 채 무산되고 만다.

볼리바르의 독립운동도 뚜렷한 한계를 보였다. 그의 주요 협력자 중 한 명이었던 호세 안토니오 파에스는 지역의 군사 지도자인 카우디요 출신이었다. 파에스가 볼리바르에 협력한 주된 이유는 독립 후에 토지를 받을 수 있다는 약속 때문이었다. 이는 독립운동이 단순히 이상만으로 이뤄진 것이 아니라, 현실적인 이해관계도 중요한 역할을 했음을 보여주는 것이었다.

독립전쟁 과정에서 볼리바르가 한 흑인 노예해방 약속도 마찬가지였다. 1816년 그는 아이티의 흑인 대통령 페티옹에게 지원을 요청하며 베네수엘라의 노예제 폐지를 약속했다. 이 지원으로 1824년 후닌과 아야쿠초 전투에서 승리를 거둘 수 있었다. 그러나 독립 이후 그란 콜롬비아 공화국에서 해방은 실현되지 않았다. 유산 계층들은 볼리바르와 같은 독립운동 세력을 단순히 에스파냐를 대체하는 존재로 여겼을 뿐, 자신들의 재산권을 침해하는 것은 용납할 수 없었기 때문이다.

볼리바르 자신도 크리오요로서의 정체성에서 완전히 벗어나지 못했다. 그는 처음에는 혼혈인 '파르도'에 대해 호의적이었지만, 그란 콜롬비아 공화국 수립 시기에 이르러 이들에 대해 우려의 입장으로 선회했다. 이를 아이티 독립혁명의 영향으로 보는 시각도 있지만, 크리오요로서 자기 정체성이 작용했을 가능성도 배제할 수 없다.

당시 라틴 아메리카 인구의 절반을 차지하던 파르도에 대한 볼리바르의 태도 변화는 주목할 만하다. 대중 민주주의에 대한 그의 지속적인 거리감과 불편함은 인종주의적 편견이 어느 정도 작용했을 가능성을 시사한다. 나아가 1817년과 1828년 파르도 출신 정치인 마누엘 피아르와 호세 파디야의 처형을 승인한 결정 또한 '라틴 아메리카 연합'의 주도권이 크리오요에서 파르도로 넘어갈 수 있다는 불안감의 표현으로 볼 수 있다.

가능성과 한계를 모두 보여준 혁명가의 삶

시몬 볼리바르의 삶은 특권과 고난이 교차하는 독특한 여정이었다. 유복한 가문 출신인 그는 안락한 삶을 선택할 수 있었음에도 라틴 아메리카의 독립을 위해 자신의 모든 것을 바쳤다. 이러한 선택은 그의 삶에 수많은 도전과 고난을 가져왔지만, 동시에 그를 라틴 아메리카 독립의 상징적 인물로 만들었다. 볼리바르의 결정은 개인의 안위보다 대의를 선택한 용기 있는 행동으로, 라틴 아메리카 역사의 흐름을 바꾸는 데 결정적인 역할을 했다.

물론 볼리바르의 혁명적인 비전은 한계도 드러냈다. 그의 정치적 자질에 대한 비판적 연구들은 그의 이상과 현실 사이의 간극을 지적한다. 특히 아이티 흑인 혁명에 대한 그의 태도는 그의 진보적 사상과 크리오요로서 배경 사이의 갈등을 보여준다. 이는 볼리바르가 자신의 계급적 한계를 완전히 극복하지 못했음을 시사하는 동시에, 당시 라틴 아메리카 사회의 복잡한 인종적, 계급적 구조를 반영하는 것이기도 하다.

그렇다면 오늘날 우리는 그를 어떻게 평가해야 할까? 현대의 관점에서 볼리바르의 한계를 인정하면서도, 그의 업적을 평가하는 것이 중요하다. 그의 사상과 행동은 당시의 사회적, 문화적 제약 속에서 이루어졌으며, 완벽하지는 않았지만 분명 중요한 변화의 시작점이 되었기 때문이다. 볼리바르의 유산은 라틴 아메리카의 정체성 형성과 독립 국가들의 발전 과정에서 여전히 중요한 역할을 하고 있다.

프로파일링 보고서

차별을 전복했지만, 태생적 한계에 갇혀버린 혁명가

인간의 태생적 한계 극복은 개인 차원을 넘어 집단의식 변화로 이어질 때 큰 도전에 직면한다. 사회과학에서는 이를 '이중 모순'이라 부르며, 여러 종류의 모순 중 민족모순과 계급모순이 대표적인 예라고 할 수 있다. 이중 모순은 역사적으로 다양한 형태로 나타났다. 또한 그 해결 과정은 복잡하고 때로는 고통스러웠다. 가령, 식민지 조선에는 민족 독립과 계급 해방이라는 두 가지 과제가 동시에 존재했고, 이를 해결하기 위한 노력은 상당한 희생을 동반했다.

미국은 영국으로부터 독립한 뒤, 얼마 지나지 않아 남북전쟁을 겪었다. 이는 표면적으로 노예해방과 관련 있지만, 그 본질에 대해서는 여러 해석이 존재한다. 남부의 농업과 북부의 공업 간 갈등, 분리주의와 연방주의의 대립 등 다양한 시각이 제시되고 있다는 말이다. 그러나 노예제 폐지 이후에도 흑백 간 인종 갈등이 지속되고 있다는 점에서, 이중 모순이 단순한 제도적 변화만으로는 해결되기 어렵다는 사실을 보여준다.

남미에는 유럽 식민 모국으로부터의 독립과 인종 차별 철폐라는 두 가지 과제가 동시에 존재했다. 이는 계급 해방 문제와도 밀접하게 연관되어 있었다. 혼혈이나 흑인 등 다수 인구가 하층 계급을 구성하고 있었기 때문이다. 이러한 상황은 독립운동 과정에서 다양한 계층과 인종 간의 협력이 필요하게 만들었지만, 동시에 그 협력의 진정성과 지속성 문제를 야기될 수밖에 없었다.

이러한 문제에 봉착한 것은 볼리바르도 마찬가지였다. 시몬 볼리바르는 남미 독립운동의 상징적 인물로 널리 알려져 있다. 그러나 그의 비전과 실제 결과 사이에는 상당한 간극이 존재한다. 볼리바르는 상류층 출신으로, 그의 주요 관심사는 식민 지배로부터의 독립과 자신이 속한 크리오요 집단에 대한 차별 철폐였다. 이러한 배경은 그의 정치적 구상에 깊은 영향을 미쳤고, 결과적으로 다른 인종과의 공존 문제를 부차적으로 다뤄버리는 계기가 되고 만다.

볼리바르가 제안한 정치 체제 또한 그의 복잡한 입장을 반영한다. 그는 강력한 공화정을 주장했지만, 그 구조는 모순적이었다. 세습제로 운영되는 상원 의회, 후계자 지명권을 가진 종신 대통령제를 제안한 것이다.

물론 이러한 구상은 지속 가능하지 않았다. 그의 꿈이었던 남아메리카 연합은 실현되지 못했고, 대신 여러 개의 독립 국가가 탄생했다. 인종적, 계급적 갈등이 지속되었고, 이는 현재까지도 남미 사회의 주요 문제로 남아있다. 볼리바르의 비전이 실패한 것은 이상과 현실 사이의 간극을 보여주는 예라고 할 수 있다.

볼리바르의 의도가 순수했는지, 아니면 그가 전략적 모호성을 통해 다양한 집단을 설득하려 했는지는 여전히 논쟁의 대상이다. 다시 말해, 그의 비전이 실현 불가능했다는 점은 분명해 보이지만, 이것이 의도적인 기만이었는지 아니면 이상주의의 결과였는지는 명확하지 않다는 이야기이다.

그러나 현대 남미 국가들이 겪고 있는 많은 문제, 특히 인종적, 계급적 갈등의 뿌리를 볼리바르 시대로 거슬러 올라가 확인할 수 있다는 사실만큼은 명백하다. 즉, 볼리바르의 유산이 단순히 독립운동의 '성공'으로만 평가될 수는 없다는 말이다.

오늘날 볼리바르를 바라보는 시각은 다양하다. 일부는 그를 여전히 독립의 영웅으로 추앙하지만, 다른 이들은 그의 한계와 모순에 주목한다. 이러한 다양한 해석은 남미의 복잡한 역사와 정체성을 반영하는 것이기도 하다.

나아가 볼리바르의 사례는 역사적 인물을 평가할 때 맥락과 복잡성을 고려해야 함을 보여준다. 그의 업적과 실패는 당시의 사회적, 정치적 환경 속에서 이해되어야 한다. 다시 말해, 역사적 인물에 대한 평가는 균형 잡힌 시각을 바탕으로 이루어져야 한다는 이야기이다.

결국, 볼리바르의 유산은 남미 독립의 성공과 실패, 그리고 그 이후의 도전을 모두 포함한다. 그의 이야기는 독립운동의 복잡성과 혁명 이후의 현실적 도전을 이해하는 데 중요한 통찰을 제공한다. 더불어 이는 현대 남미 국가들이 직면한 문제들의 역사적 뿌리를 이해하는 데에도 도움이 될 수 있을 것이고 말이다.

독점과 기부의
양면성을 지닌 자본가,
앤드루 카네기

앤드루 카네기(1835-1919)의 삶을 가만히 들여다보면, '아메리칸드림'이라는 구호가 생애 전체를 관통한다는 느낌이 든다. 그는 스코틀랜드 출신의 이민자 가정에서 태어났다. 학력은 짧지만 학구열이 높았으며, 동시대를 살아간 석유왕 록펠러와 달리 외향적인 성격을 가졌다. 또한 꾸준한 문필 활동으로 자신을 드러내기도 했다.

더불어 그는 19세기 미국 자본주의를 규정하는 '트러스트' 관행에 자유롭지 못하며, 철강업을 통해 막대한 부를 축적하고,

말년에는 그 부를 사회에 기부했다. 카네기의 삶은 미국이 주 중심의 경제를 넘어 국가 경제 수준의 모습을 보여주는 1860년 대 이후부터 빛을 발한다는 점에도 큰 특징이 있다.

그는 제이 굴드, 존 데이비슨 록펠러, 존 피어몬트 모건 등과 마찬가지로 미국 자본주의의 상징으로 추앙받는 동시에 자본 축적에 있어 냉혹한 모습을 보인 인물이기도 했다. 제목에도 적어두었지만, 독점과 기부의 양면성은 카네기의 실체적 삶을 평가하는 데 있어 분명 곤혹스러운 지점 중 하나이다.

이 글에서는 카네기의 삶을 전체적으로 조망하되, 그를 둘러싼 시대적 배경이 어떠했는지를 집중적으로 살펴보고자 한다. 나아가 카네기 인생의 분기점이라 할 만한 사건 혹은 이야기를 통해 그의 실제 모습을 조금이나마 들여다볼 계획이다.

문제를 기회로 만든 결단력

앤드루 카네기의 초기 경력은 미국 산업화 시대의 축소판과도 같았다. 그는 얼레잡이, 경리 사무원, 전보배달부 등 여러 직업을 거치며 다양한 경험을 쌓았다. 이 과정에서 그는 당시 최첨단 기술이었던 전신에 주목하게 되었다. 그리고 얼마 뒤, 그는 전신 기술을 습득하여 자신만의 일인 통신사를 설립하는 데 성공한다. 그의 기업가적 재능이 처음으로 빛을 발한 것이다.

카네기의 인생에서 가장 중요한 전환점은 17살의 나이에 톰 스코트를 만난 것이었다. 스코트는 카네기와 비슷한 배경을 가졌지만, 이미 펜실베이니아 철도의 서부 지부 감독관이라는 중요한 위치에 올라있었다. 이 만남은 카네기에게 미국 철도 산업의 중심부로 진출할 수 있는 기회를 제공했다. 스코트는 카네기의 잠재력을 알아보고 그를 사업 파트너로 선택했다. 덕분에 이를 계기로 카네기는 당대 미국의 최대 철도 회사 중 하나인 펜실베이니아 철도가 운영되는 모습을 가까이에서 배울 수 있었다.

카네기의 성공은 그의 타고난 재능과 후천적 노력이 결합된 결과였다. 그는 어머니로부터 물려받은 꼼꼼함과 성실함을 바탕으로, 철도 회사 임원들에게 깊은 인상을 남겼다. 이러한 자질은 훗날 그가 철강 산업 분야에서도 성공을 거두는 데 중요한 역할을 하게 된다.

톰 스코트의 승진으로 카네기는 펜실베이니아 철도의 서부 지부 감독관 직책을 이어받게 되었다. 이는 단순한 승진 이상의 의미를 가졌다. 당시 서부 철도는 운영 상태가 좋지 않았고, 빈번한 선로 파손과 서비스 중단으로 어려움을 겪고 있었기 때문이다. 카네기는 직책을 맡은 직후부터 뛰어난 문제 해결 능력을 보여주었다. 철도의 고장 소식을 접하면 즉시 현장으로 달려가 수리 작업, 운송 코스 변경, 시스템 재정비 등을 총괄했다. 과감한 의사결정 능력도 돋보였다. 수리 작업의 효율성을 높이기 위해 고장난 차량을 즉시 소각하는 등 결단력 있는 조치를 취한 것이다.

이 시기의 경험은 훗날 카네기의 삶에도 중요한 역할을 했다. 그는 단순히 철도 감독관으로서의 업무를 넘어, 미국 철도 교통의 전반적인 메커니즘을 깊이 이해하게 되었다. 이러한 실무 경험과 산업에 대한 통찰력은 훗날 그가 철강 산업에 뛰어들어 성공을 거두는 데 중요한 밑거름이 된다.

위기 속에서 찾은 기회

카네기의 사업 여정은 펜실베이니아 철도에서 시작되었지만, 그의 비전은 훨씬 더 크고 넓었다. 그는 톰 스코트의 조언을 따라 철도 관련 협력사에 투자하면서 부를 축적하기 시작했다. 이는 단순한 투자가 아닌 산업 생태계 전반에 대한 깊은 이해를 얻기 위한 전략적 접근이었다. 카네기는 침대차 회사부터 철도 교량 건설 회사까지 다양한 분야에 투자하며 자신의 영역을 확장해 나갔다.

혁신적이며 유연한 사고는 유니언 제선소 설립 과정에서 두

드러졌다. 키스톤 교량 회사와 두 개의 선철 회사를 통합하여 유니언 제선소를 설립한 것은 단순한 기업 통합 이상의 의미를 지녔다. 이는 생산 효율성 증대와 규모의 경제를 실현하기 위한 전략적 결정이었기 때문이다. 특히 영국 여행 중 접한 베세머 강철 제조 방식에 깊은 인상을 받은 카네기는 이를 자신의 주요 투자 영역으로 삼아 미래 성장의 토대를 마련했다.

카네기의 사업 다각화는 전신 분야로도 확장되었다. 퍼시픽 앤 애틀랜틱 전신 회사를 통한 전신 분야 합병과 펜실베이니아 철도 회사와의 계약을 통한 전신선 건설 사업 진출은 그의 사업적 안목을 잘 보여준다. 이러한 다각화 전략은 리스크를 분산시키는 동시에 새로운 성장 기회를 창출하는 데 기여했다.

카네기의 사업 수완이 가장 빛을 발한 프로젝트는 미시시피 강을 가로지르는 세인트 루이스 대교 건설이었다. 이 프로젝트는 기술적 혁신과 재무적 창의성이 결합된 대표적 사례이다. 미국 최초로 공기 압축 케이슨 공법을 사용한 이 다리는 건설 기술의 혁명을 일으켰다. 케이슨 공법은 훗날 브루클린 다리 건설에도 적용되어 미국 전역으로 확산되기에 이른다.

더불어 카네기의 재무 전략은 대규모 프로젝트가 성공하는 데 결정적인 역할을 했다. 채권 판매를 통한 자금 조달, 펜실베이니아 철도와의 장기 임대 계약, 그리고 자신의 기업들을 통한 수직 계열화 전략은 프로젝트의 경제성을 크게 높였다. 키스

톤 교량 회사가 건설을 담당하고, 유니언 제선소에서 필요한 철강을 공급함으로써 카네기는 프로젝트의 여러 단계에서 이익을 창출할 수 있었다.

물론 프로젝트가 계획대로만 흘러간 것은 아니었다. 카네기뿐만 아니라 여러 투자자와 노동자들의 목줄을 쥐고 있던 세인트 루이스 대교 건설 사업이 상상 이상의 대규모 공사였기 때문이다. 완공 시기는 한없이 늦어졌다. 카네기를 이끌어 온 기반들이 위기에 다다르고 있었다. 카네기의 선배이자 동료였던 톰 스코트는 펜실베이니아 철도의 내부 감사를 받은 끝에 사직을 요구받았다. 카네기의 투자 근거지 중 하나였던 펜실베이니아 철도의 '휴민트'가 깨지고 있었던 것이다.

그럼에도 카네기는 포기하지 않았다. 그는 더 큰 엘도라도를 찾아다녔고, 1872년 방문한 영국 베세머 공장들을 사업의 원천으로 채택했다. 카네기는 철강 분야가 대장간 장인의 영역을 넘어 규모의 경제를 실현하고 이익을 극대화할 수 있는 산업이 되리라 자신했다.

에드거 톰슨사의 설립은 카네기의 철강 산업 진출의 시작점이었다. 에드거 톰슨사는 초기만 하더라도 자금 압박을 겪었다. 세인트 루이스 대교 건설 사업이 여전히 진행 중이었기 때문이다. 하지만 카네기는 이 새로운 벤처에 전념했다. 그리고 세인트 루이스 대교가 완성되자마자 그는 금융 재벌로 이름을 날리던 주니어스 모건을 찾아갔다. 그리고 그에게 철강 사업의 미래가 매우 밝다는 점을 강하게 주지시켜 대규모의 지원을 얻어냈다.

카네기 스틸의 빛과 그림자

세인트 루이스 대교 완공을 계기로 카네기는 철강 산업 중심의 대규모 트러스트 형성에 착수했다. 에드거 톰슨 사를 중심으로 여러 제철소와 관련 기업들을 통합하여 '카네기 스틸'이라는 거대 기업을 탄생시킨 것이다. 더불어 그는 이 과정을 거치며 철광석 채굴부터 제련, 제철에 이르는 전 과정을 수직계열화하여 독점적 지위를 확보했다.

카네기 스틸의 성장은 놀라웠다. 회사는 영국 총 철강 생산량의 50%, 미국 총 철강 생산량의 25%를 차지하는 세계 최대의 철강 기업으로 성장했다. 이러한 성과 덕분에 그는 '철강왕'이라는 별명을 얻게 되었다. 카네기의 경영 철학은 철저한 비용 절감과 지속적인 재투자였다. 그는 규모의 경제를 추구하며 공정을 대형화했고, 수익 유지를 위해 시설에 대한 재투자를 주저하지 않았다. 이러한 그의 경영 방식은 때때로 주주들의 불만을 사기도 했다. 배당보다 재투자를 우선시하는 그의 정책은 단기적 이익을 원하는 주주들과 충돌했다. 그러나 카네기는 뛰어난 세일즈맨으로서의 능력을 발휘하여 자신의 경영 철학을 관철시켰다.

카네기의 경영 전략은 장기적으로 카네기 스틸의 경쟁력을 높이는 데 기여했지만, 동시에 노동자들의 처우 문제와 같은 사회적 갈등의 씨앗이 되기도 했다. 그의 성공 신화에 큰 오점을 남긴 사건이 바로 1892년 홈스테드 제철소에서 발생한 대규모 노동자 파업이다. 이 파업은 당시 미국 산업화 과정에서 흔히 볼 수 있었던 노사 갈등의 전형을 보여준다. 높은 기업 수익에 비해 낮은 임금, 노동조합에 대한 지속적인 탄압, 그리고 파업 진압을 위한 사설 경비대 동원 등이 주요 원인이었다.

홈스테드 파업의 직접적인 계기는 1889년 결성된 연합 노조와 회사 측의 협상 결렬이었다. 카네기의 동업자인 헨리 클레이 프릭은 노조와의 임금 협상이 결렬되자 공장을 폐쇄했고, 이에 대응해 노조는 무장 투쟁을 준비했다. 프릭이 파업 진압을 위해 핑커턴 경비대를 투입하면서 상황은 더욱 악화되었다. 노동자들과 지역 주민들은 경비대와 충돌했고, 이 과정에서 사상자가 발생했다.

파업은 결국 주 방위군의 개입으로 진압되었지만, 그 여파는 컸다. 노동자들은 노조 대신 군대의 보호 아래 작업에 복귀해야 했고, 이는 노동운동에 큰 타격을 주었다. 이 사건은 카네기의 명성에 큰 손상을 입혔을 뿐만 아니라, 미국 산업화 과정에서 노동자의 권리와 기업의 이윤 추구 사이의 갈등을 극명하게 보여주는 사례가 되었다. 홈스테드 파업은 19세기 말 미국 산업화의 빛과 그림자를 동시에 드러내는 역사적 사건으로 기록되었다.

노조의 후원자 혹은 노조 파괴의 방관자

흥미로운 점은 홈스테드 파업 시기에 카네기가 보여준 위선적인 모습이다. 1880년대 초 이후부터 카네기는 1년의 절반 정도를 영국과 스코틀랜드에서 보내고 있었다. 그는 그곳에서 영국 내 진보적 성향의 신문사들을 인수하고, 차티스트 운동과 급진적 자유주의 운동을 후원하고 있었다. 심지어 그는 다음과 같이 말하기도 했다.

> "나는 노동조합과 일반적인 노동자 조직의 장점을 굳건히 믿으며, 그런 것들이 일정 범위 내에서 최선의 교육 수단임을 믿는다. (중략) 고용주는 다른 사람들의 일자리를 차지해 버릴 수 있는 부류의 사람을 고용하느니 차라리 공장을 늘려야 한다. 최고의 직공들 사이에는 '이웃의 일을 빼앗지 말라'는 관습법이 있다."

그러나 홈스테드 파업 사건을 스코틀랜드에서 접한 카네기의 반응은 사뭇 달랐다. 그는 동료 이사인 조저 로더에게 보낸 서신에서 다음과 같이 말했다.

"일처리가 너무 미숙했네. 경비대를 배로 보내려다 그렇게 힘도 쓰지 못하고 당했어. 강과 울타리 사이에 공간이 생긴 것은 경비배가 반대편에 상륙하여 총격전을 벌였기 때문이야. 여전히 우리는 침묵을 지키며 프릭과 전장 참가자들에게 할 수 있는 모든 지원을 보내야 하네."

카네기와 비슷한 시기 석유를 매개로 고수익을 달성했던 록펠러의 스탠더드 오일을 비교하면 더 흥미롭다. 록펠러 역시 프릭 못지않게 노동조합을 혐오하던 사람이었다. 그러나 당시 스탠더드 오일 트러스트를 조사한 의회 위원회는 '스탠더드 오일 사가 많은 임금을 지급하고 직원들의 안정된 고용을 보장한다는 점에 대해 이에 관한 증거를 제공한 다른 모든 목격자들과 의견을 같이했다'고 보고했다. 반면 홈스테드 파업 후 카네기는 글래드스턴 영국 총리에게 '홈스테드 제강소는 인간의 피 한 방울만큼의 가치도 없습니다. 나는 이 제강소가 침몰하기 바랍니다'라고 편지를 썼다. 과연 프릭의 반노조 경영 방침은 카네기의 경영 방침과 무관하다고 볼 수 있을까?

카네기의 반전은 여기서 끝이 아니었다. 1901년 존 피어몬트 모건에 카네기 스틸을 매각하고, 1902년 카네기협회를 설립하는 것을 시작으로 사회사업에 진출하기 시작한 것이다. 그는 2,500만 달러를 기부해 미국 내 공공도서관 건립을 지원하는 사업부터 카네기회관, 카네기공과대학, 카네기교육진흥재단 설립에 이르기까지 다양한 활동을 펼쳤다. 기부액만 약 3억 6,500만 달러, 자신이 보유한 재산의 90%에 이르는 금액을 사회에 기부한 것이다.

스코틀랜드 이민자 가정에서 태어나, 미국 최고의 기업가와 사회사업가의 모습을 모두 보여준 그의 진짜 얼굴은 무엇이었을까? 『세인트 루이스 포스트-디스패치』에 담긴 그에 관한 기사 중 일부를 인용하며 이야기를 마친다.

"3개월 전, 앤드루 카네기는 모두가 부러워하는 사람이었다. 하지만 지금은 연민과 경멸이 뒤섞인 감정을 자아내는 인물이다. 그는 대서양 양쪽의 모든 사람들에게 자신의 전력에 대해 거짓말을 했을 뿐만 아니라 도덕적으로 '비겁자'임을 보여주었다. 품위까지는 아니더라도 일관성이 있었으면 카네기는 직원들이 노동조합을 결성하는 것에 반대하기보다 찬성했을 것이다. (중략) 안전한 장소인 스코틀랜드로 달아나 이 싸움이 해결되기를 기다리다니, 그는 너무 나약했다. 카네기가 한마디 말만 했어도 이 싸움은 진정되었겠지만 그는 한마디도 하지 않았다. 그 유혈의 날부터 지금까지 그는 '공장 관리자들에게 절대적인 신뢰'를 갖고 있다는 언급 외에 어떤 말도 하지 않았다. (중략) 1만 개에 달하는 '카네기 공공 도서관들'도 홈스테드 제강소 폐쇄로 인한 직간접적인 해악을 상쇄하지 못할 것이다. 한마디로 말해 프릭은 용감한 사람이며 카네기는 겁쟁이다. 그리고 신과 사람들은 겁쟁이를 싫어한다."

프로파일링 보고서

냉혹하고 위선적인 경영의 귀재, 인간과 문화에 투자하다

개처럼 벌어서 정승처럼 쓴다는 건 말처럼 쉽지 않다. 개처럼 벌면 개처럼 쓰게 된다. 인간의 습성이라는 것이 그리 쉽게 바뀌는 것이 아니다.

그렇다면 카네기는 어땠을까? 그는 미국 산업화 시대를 대표하는 인물로 '철강왕'이라는 별명에 걸맞은 뛰어난 경영 능력과 사업 수완을 보여주었다. 그의 성공은 단순한 운이 아닌, 시대의 흐름을 정확히 읽는 탁월한 통찰력에 기인했다. 1인 통신사를 운영하며 정보의 중요성을 깨달아 이를 사업에 적극 활용했으며, 철강 산업의 발전 가능성을 일찍이 눈치채고 꾸준한 투자를 통해 큰 부를 얻었다.

카네기의 사업 방식은 당시 자본주의 태동기의 다른 기업가들과도 매우 닮아있다. 목적 달성을 위해 때로는 탈법적이고 비인간적인 수단도 주저하지 않았다는 점에서, 그를 전형적인 산업 혁명기의 자본가로 볼 수도 있다는 말이다. 특히 노동자들의 권리를 무시하고 노조를 강제로 해체한 행위는 그의 가장 큰 과오로 지적된다. 이러한 행동들은 카네기가 이윤 추구에 있어 분명 냉혹하고 무자비한 면을 가지고 있었음을 보여주는 증거로 여겨진다.

그러나 카네기를 단순히 무자비한 사업가로만 평가하기에는 부족한 면이 많다. 그의 행동이 미디어에 의해 과장되어 부정적으로 표현되었을 가능성도 있기 때문이다. 나아가 그의 사업 방식이 '개처럼 벌어서'라기보다 그저 치열하고 열정적인 경영의 결과일 수 있다는 시각도 존재한다.

카네기를 동시대의 다른 자본가들과 구분 짓는 가장 큰 특징으로는 교육과 문화에 대한 열정적인 투자를 들 수 있다. 단순한 기부나 사회사업 활동을 넘어, 그의 공헌은 규모와 방식에 있어 독보적이었다. 이는 록펠러와 같은 다른 자본가들의 사회 공헌과는 확연히 다른 양상을 보였다.

카네기의 교육 및 문화 투자는 두 가지 관점에서 해석될 수 있다. 첫째, 그가 지식과 문화산업의 중요성을 일찍이 인식하고 이를 장기적인 투자로 접근했을 가능성이다. 이는 그의 1인 통신사 운영 경험과 연결되며, 미래 자본주의 사회의 구조적 특징에 대한 깊은 이해를 반영한다. 둘째, 이러한 활동이 그가 가진 열정과 신념의 표현이었을 가능성이다.

카네기의 사회 공헌 활동은 그의 사업 방식과는 상당히 대조적으로 보일 수 있다. 이러한 모순적인 행동은 그의 복잡한 인격을 보여주는 동시에, 인생 후반기에 그가 추구한 가치의 변화를 나타낸다. 결과적으로, 카네기의 교육 및 문화 투자는 미국 사회뿐만 아니라 세계적으로도 큰 영향을 미쳤으며, 그의 유산으로 남아있다.

그런 면에서 카네기의 진짜 얼굴은 '철강왕 카네기'보다는 교육과 문화에 투자한 사회사업가로서의 업적에 담겨있다고 볼 수 있다. 혼돈과 진화의 시대에 돈은 누구나 벌 수 있다. 기회에 따라서는 떼돈이라고 할 만큼 많이 벌 수 있다. 규모 이상의 돈은 자본이고, 그 자본은 스스로 증식한다. 그냥 놔두어도 몇 배 그 이상 증식한다. 그게 돈이다. 그 시기에 이르면 인간이 돈을 부리는 것이 아니라 돈이 인간을 부린다. 돈의 노예가 된다. 그래서 규모 이상의 자본가가 돈을 쓰는 방식이 쉽게 바뀌지 않는 것이다. 그렇지만 그렇게 번 돈을 자본의 유혹을 뿌리치고 진짜 가치 있게 쓸 수 있는 사람은 그렇게 흔하지 않다.

앞서 확인한 것처럼 카네기는 1901년 자신의 철강 제국을 매각하고 새로운 인생의 장을 열었다. 1902년 카네기협회 설립을 시작으로, 그는 당시 기준으로 엄청난 금액인 2,500만 달러를 사회사업에 기부했다. 기부의 첫 결실은 공공도서관 건립이었다. 미국과 영국을 비롯한 여러 나라에 수많은 공공도서관을 설립하기 위해 기부금을 내놓은 것이다. 이후에도 그는 멈추지 않았다. 피츠버그에 있는 카네기멜런대학교에 카네기공과대학을 설립했고, 워싱턴 카네기 연구소를 세웠다. 그는 터스키기 연구소의 후원자였으며, 1905년에는 미국의 대학교수들을 위한 연금기금을 설치한 인물이기도 했다. 이후 사업을 카네기교육진흥재단 등으로 확장하면서, 그는 무려 자기 재산의 90%에 달하는 3억 6,500만 달러를 기부했다.

카네기의 이러한 행보는 당시 사회에 큰 반향을 일으켰다. 일부에서는 그의 정신 이상을 의심하기도 했지만, 이는 그의 풍부한 인문학적 소양과 깊은 통찰력에서 비롯된 결정이었다. 그의 학구열과 문필 활동은 인간과 문화에 대한 깊은 애정을 바탕으로 했으며, 이는 그가 이룩한 교육 및 문화적 업적의 원동력이 되었다. 인문학적 상상력이야말로 인간과 문화에 대한 애정이 없이는 불가능한 것이다. 그리고 그것은 인간에게 반성과 성찰을 가능하게 한다.

카네기의 삶이 극적으로 전환된 것도 아마도 그 때문이 아니었을까? 그래서 그런지도 모른다. 대다수 자본가가 벌이는 선행의 진의를 믿기 힘든 것이 사실임에도, '카네기만큼은 달랐을지도 모른다'는 믿음을 갖게 만드는 것도 말이다.

미국 자본주의의 아이콘, 존 데이비슨 록펠러

존 데이비슨 록펠러(1839-1937)는 미국 자본주의의 역사에서 빼놓을 수 없는 인물이다. 스탠더드 오일사의 창업주이자 시장 지배를 목적으로 동일한 생산단계에 속한 기업이 하나의 자본에 결합되는 것을 뜻하는 트러스트Trust 전략의 대가로 알려진 그는 19세기 후반 미국의 급격한 경제 성장을 상징하는 인물이기도 하다. 록펠러의 생애는 미국 자본주의의 발전과 맞물려 있으며, 그의 성공 스토리는 많은 이들에게 '아메리칸 드림'의 전형으로 여겨졌다. 그러나 동시에 그의 사업 방식은 당대에도 큰 논란의 대상이었다.

　록펠러의 삶은 19세기 후반부터 경이로운 발전을 보여준 미국 자본주의의 모습과 맞닿아 있다. 특히 남북전쟁(1861-1865) 이후 미국 경제는 급격한 변화를 겪었다. 이 전쟁은 단순히 노예제 폐지를 둘러싼 갈등이 아니라, 미국 전체를 하나의 거대한 자본주의 시장으로 통합하는 계기가 되었다. 이러한 배경 속에서 록펠러는 석유 산업을 장악하며 미국 최고의 부자로 올라섰다.

　그러나 록펠러의 성공은 양면성을 지니고 있었다. 그의 사업 수완은 혁신적이었지만, 동시에 비윤리적이라는 비판을 받았다. 특히 트러스트를 통한 시장 독점, 경쟁사에 대한 불공정 거래, 정치인들과의 유착 등은 당시 사회의 큰 우려를 낳았다. 이는 자본주의가 가져온 물질적 풍요가 모든 이에게 공평하게 분배되지 않았다는 것을 보여주는 단적인 예이기도 했다.

위기를 기회로 만든 사업가 록펠러

존 데이비슨 록펠러의 삶은 그의 가족 배경, 특히 아버지 윌리엄 록펠러의 영향으로 인해 크게 형성되었다. 농부 집안 출신이었지만, 그의 인생 궤적은 예상치 못한 방향으로 전개되었다.

'빅 빌'이라 불리던 아버지 윌리엄은 여러 직업을 가장한 사기꾼이었으며, 심지어 윌리엄 레빙스턴이라는 가명으로 이중생활을 하기도 했다.

이러한 아버지의 방종한 생활은 어린 록펠러의 성격과 가치관 형성에 결정적인 영향을 미쳤다. 그는 독실한 침례교 신자가 되었고, 16세에 고등학교를 졸업한 뒤 이리호 근처 클리블랜드의 '휴잇 앤드 터틀' 상점에서 주급 4달러로 일을 시작했다. 흥미로운 사실은 이때부터 그가 적은 주급임에도 교회에 헌금하는 일을 잊지 않았다는 것이다. 이는 그의 독실함을 보여주는 동시에 강한 신념과 자제력을 보여주는 예시이기도 하다.

'휴잇 앤드 터틀'에서의 경험은 록펠러에게 많은 것을 남겼다. 상업의 기초를 가르쳐주었고, 경영에 대한 그의 날카로운 안목을 키워준 것이다. 그러나 얼마 지나지 않아 록펠러는 곧 자신의 노력에 비해 보상이 적다는 사실을 깨닫게 되었고, 결국 지인인 모리스 클라크와 함께 '클라크 앤드 록펠러'라는 회사를 설립하게 된다.

흥미롭게도 록펠러의 사업 성장은 미국 역사의 중대한 사건과 맞물린다. 바로 남북전쟁이었다. 클라크 앤드 록펠러는 당시 건초, 양곡, 정육 등 다양한 상품을 취급했는데, 전쟁의 발발로 군수 물자에 대한 수요가 급증하면서 회사가 빠르게 성장할 수 있었다. 전쟁이라는 국가적 위기 상황에서도 비즈니스 기회를 찾아낸 록펠러의 안목은 이후 석유 산업에서 그의 성공을 예견하게 하는 것이기도 했다.

미래를 본 예비 석유왕

록펠러의 경제적 성공을 설명할 때 빠지지 않는 요소가 있다. 바로 석유다. 19세기 초반만 하더라도 석유는 주요 연료로 여겨지지 않았다. 당시 대도시의 상징이었던 램프는 주로 향유고래의 기름을 연료로 사용했다. 산업혁명의 진전으로 야간작업이 증가하면서 향유고래기름의 수요가 폭발적으로 늘어났고, 이는 대규모 포경으로 이어졌다. 그러나 고래 개체 수 감소로 인해 새로운 대체 연료의 필요성이 대두되게 되었다.

1859년, 에드윈 드레이크가 펜실베이니아 주 타이터스빌에서 '오일 크리크'를 발견하면서 미국의 유정 개발이 본격화되었다. 이는 에너지 산업의 판도를 바꾸는 중요한 전환점이 되었다. 석탄에 비해 효율적이고 운송이 용이했기 때문이다. 더불어 원유에서 등유, 경유, 휘발유 등을 분리하는 기술이 개발되면서 석유는 단번에 가장 대표적인 에너지원으로 부상했다.

이러한 변화는 산업 구조와 경제 패러다임의 대전환을 의미했다. 석유의 등장은 단순히 새로운 연료의 발견을 넘어, 운송,

제조, 그리고 일상생활의 모든 측면에 혁명적 변화를 가져왔다. 이는 19세기 후반 경제 성장의 핵심 동력이 되었고, 현대 산업 사회의 기반을 형성하는 데 결정적인 역할을 했다.

록펠러는 석유 산업의 잠재력을 누구보다 빨리 간파했다. 석유가 단순한 조명용 연료를 넘어 광범위한 용도로 사용될 것임을 예측하고, 22세의 나이에 '앤드루스 클라크 정유소'를 설립한 것이다. 특히 그는 대륙 횡단 철도 건설과 석유 산업의 연관성에 주목했다. 초기 유전 지대와 펜실베이니아를 연결하는 철도 요지는 피츠버그였다. 그런데 그는 일반적인 예상과 달리 클리블랜드를 거점 도시로 선택했다. 피츠버그가 유전 지대와 가깝고 대서양 항구까지의 거리가 570km에 불과했음에도, 록펠러는 1,000km나 떨어진 클리블랜드를 선택한 것이다. 이는 단기적 이익보다는 장기적 비전에 기반한 결정이었다.

록펠러의 이러한 결정은 당시로서는 매우 과감하고 혁신적인 것이었다. 석유 사업의 가능성을 확인한 록펠러는 동업자인 모리스 클라크를 설득해 더 많은 정유소를 짓고자 했다. 그러나 그의 동업자 모리스 클라크가 수익성만을 고려해 추가 정유소 건설을 반대했다. 우후죽순처럼 난립한 기타 정유소와 다를 바가 없을 것이라 판단했다. 하지만 록펠러는 오히려 이를 기회로 삼아 클라크와 결별하고 영국인 화학자 앤드루스와 협력관계를 강화했다. 그는 더 크고 먼 미래를 본 것이다.

미국 비즈니스 역사를 새로 쓴 경영자

록펠러는 앤드루스에 이어 헨리 플레글러라는 새로운 파트너를 영입하며 자신의 제국을 확장해 나갔다. 플레글러는 농산물 도매업으로 부를 축적한 인물로, 록펠러의 비즈니스 전략에 새로운 차원을 더했다. 록펠러와 플레글러는 당시 펜실베이니아 철도가 독점하고 있던 피츠버그-필라델피아 운송 노선에 대항해, 클리블랜드-필라델피아 노선을 개발했다. 이들은 클리블랜드의 정유 업자들을 장악함으로써 새로운 노선을 통해 수익을 극대화했다. 흥미롭게도, 피츠버그-필라델피아 노선에서 굴드와 밴더빌트와 같은 대자본가들의 운임 인하 경쟁은 오히려 록펠러에게 유리한 기회로 작용했다.

1860년대 말, 미국은 골드러시에 버금가는 '오일 러시'를 경험했다. 에드윈 드레이크가 개발한 기계식 원유 추출 기술은 석유 산업의 판도를 바꾸어 놓았다. 그러나 록펠러는 단순한 원유 판매보다 더 큰 기회를 포착했다. 바로 '석유 끓이기'로 알려진 정제 기술이었다. 록펠러는 빠르게 정유 산업의 잠재력을 간파하고, 업계 최고의 인재들을 영입했다. 찰스 프랫의 정유소를 인수하고, 증류 전문가 헨리 조저스를 영입한 것은 그의 선견지명을 보여주는 대표적인 사례다. 이들은 당시 미국 정유업계에서 최고의 기술력을 자랑하는 인물들이었다.

록펠러는 소년 시절부터 유지한 '철두철미함'을 스탠더드 오일의 경영에 완벽히 투영했다. 그는 석유의 정제, 운송, 보관을 모두 자체적으로 해결할 수 있는 수직계열화 체제를 구축했다. 자체 운송 회사, 석유통 공장, 송유관 회사를 차례로 매수하며 사업의 모든 단계를 통제했다.

그리고 여기에 더해 록펠러 경영 방식의 백미白眉라 할 수 있는 전략을 가미한다. 바로 리베이트였다. 프랑스어 '라바트레'에서 유래한 이 용어는 '지불대금의 일부를 되돌려주는 행위'를 의미한다. 스탠더드 오일과 협력하는 회사들은 이러한 리베이트를 통해 상당한 혜택을 받았고, 이는 다른 정유업자들이 스탠더드 오일과의 협력을 거부하기 어렵게 만들었다.

록펠러는 플레글러와 함께 클리블랜드 정유소 컨소시엄, 굴드의 이리 철도, 이리 철도의 동맹 회사, 그리고 이리 철도 내 원유 집하 송유관 회사들을 하나로 묶는 대규모 계약을 체결했다. 이 전략적 제휴를 통해 참여 기업들은 특별한 운송 약정과 운임 할인을 받았고, 정유업체들은 이 수익을 송유관에 재투자했다. 나아가 1870년, 록펠러는 이 거대한 사업 연합체를 스탠더드 오일 주식회사로 재편성하고 주식 발행을 시작했다. 이는 미국 철도 산업 이후 최초의 주식회사 설립으로, 비즈니스 역사에 새로운 장을 연 것이었다.

경쟁자를 무너뜨린 독재자

1872년, 존 D. 록펠러는 정유소와 철도 회사들이 공동으로 소유하는 '사우스 임프루브먼트 컴퍼니(SIC)'라는 카르텔을 조직했다. 이 조직의 주요 목적은 석유 운임을 단일화하고, 주요 간선 노선에 화물 할당량을 정하며, 참여 정유소 간의 생산 및 선적량을 조정하는 것이었다. 이는 당시 분산되어 있던 석유 산업에 새로운 질서를 부여하려는 시도였다. 그는 산업 전반을 통제하고 효율성을 높이기 위해 수직적, 수평적 통합을 추구했다. 이러한 접근 방식은 클리블랜드 제2의 정유사인 클라크 페인 사의 인수로 이어졌다. 흥미롭게도 이 회사의 파트너인 클라크는 록펠러의 초기 사업 파트너였다.

그러나 SIC의 운영 방식은 즉각적인 반발을 불러일으켰다. 수익 배분을 매개로 한 록펠러의 전횡적 운영이 생산업체들과 주유소의 강한 저항에 부딪힌 것이다. 일부 업체들은 석유 생산 자체를 중단하는 극단적인 조치를 취하기도 했다. 그럼에도 그는 멈추지 않았다. 1872년 기준 클리블랜드의 26개 정유소 중 21개를 인수한 록펠러는 약 18개월간 매입한 사업체들을 재구성했다. 기존의 정유소는 분할 매각되거나, 석유 부산물을 처리하는 시설로 통합되었다. 이는 당시 주요 소비품이었던 조명용 등유 생산에서 벗어나, 석유 산업의 다각화와 효율화를 추구한 것이었다.

록펠러는 클리블랜드를 넘어 미국 전역의 석유 시장을 장악하고자 했다. 그는 '조용하게' 미국 각 지의 정유사들을 사들였다. 명목상 이들의 회사명은 바뀌지 않았고, 록펠러는 주식을 통해 매입한 정유사들의 합병 후 약속했던 이익을 꾸준히 보전해주고 있었다.

록펠러의 석유 시장 장악 과정에서 가장 중요한 전환점은 톰 스콧이 운영하는 엠파이어사와의 경쟁이었다. 엠파이어사는 펜실베이니아 철도와의 상호 소유 관계를 통해 유전 개발부터 송유관 소유, 석유 운반까지 수직계열화를 이룬 강력한 경쟁자였다. 이들은 뉴저지까지 진출한 록펠러를 견제하기 위해 무료 또는 할인 운임을 제공하는 등 적극적인 전략을 펼쳤다.

그러나 록펠러의 대응은 더욱 강력했다. 그는 피츠버그 내 스탠더드 오일 소유의 정유소들에게 펜실베이니아 철도 이용을 중단하도록 지시했고, 심지어 신설 철도 노선이 부설될 때까지 석유 생산 중단이라는 극단적인 조치를 취했다. 또한 이리 철도와 뉴욕 센트럴 철도를 대안으로 활용하며 엠파이어 사보다 낮은 운임과 송유관 요금을 제시했다.

이러한 전략의 결과는 펜실베이니아 철도의 주식 폭락으로 이어졌고, 이는 연쇄적으로 노동자 해고와 피츠버그에서의 노동자 봉기로 확산되었다. 록펠러는 자신의 사업 방식을 확신했고, 그 방법을 쓰는데 주저하지 않았다.

자본주의 아이콘의 그림자

록펠러에 관한 이야기를 끈질기게 다루었던 아이다 타벨(1857-1944)이라는 기자가 있다. 그는 1901년부터 1903년까지 『맥클루어스 매거진』을 통해 '스탠더드 오일의 역사'라는 제목의 기사를 19회에 걸쳐 연재했다. 공교롭게도 아이다 타벨의 아버지는 석유 생산업자였다. 타벨은 SIC에 맞섰던 아버지의 아픈 경력을 10대 시절에 목격했던 것이다. 자연스레 그녀의 글은 스탠더드 오일의 '부도덕한 자본 축적'을 비판하는 논조였다. 나아가 록펠러와 스탠더드 오일의 불법 행위들을 상세하게 탐사하고 보도하여 당대 미국인들에게 큰 영향을 주었다.

그러나 타벨의 비판에 대한 반론도 만만치 않았다. 일부 학자들은 타벨이 지적한 '불공정하고 불법적인' 철도 리베이트 체제가 실제로는 석유 산업보다 곡물 산업에서 더 큰 문제였다고 주장한다. 또한 리베이트 관행이 록펠러만의 문제가 아닌 당시 미국 자본가들의 일반적인 관행이었다는 점도 지적된다. 이러한 반론들은 타벨의 비판이 다소 편향되었을 가능성을 제기한다.

더불어 타벨이 당대인의 관점에서 록펠러의 자본 축적 행위를 부도덕한 행위이자 법을 우습게 아는 '타락한 자'로서 비판했다면, 거기에 더해 트러스트 소속원들은 비판받을 여지가 없었을까?

록펠러는 자신의 역량을 극대화하기보다는 유능한 파트너들에게 권한을 위임하는 방식으로 사업을 확장했다. 특히 기업 인수 작업은 파트너들이 전담했으며, 록펠러 본인은 전면에 나서지 않았다. 이러한 전략은 효과적이었지만, 동시에 많은 비판의 대상이 되었다.

SIC의 트러스트 체제는 록펠러의 자본 축적 방식을 잘 보여주는 사례다. SIC는 석유 관련 기업들을 하나로 묶어 거대한 독점 체제를 구축했다. 이 과정에서 많은 중소 규모의 기업들이 도태되었고, 이를 눈감고 지켜본 것은 주로 인수 작업을 담당한 그의 파트너들이었다.

록펠러와 그의 파트너들은 석유 산업의 전 과정을 통제하며 자신들을 마치 '조물주'처럼 여겼다는 비판을 받았다. '적자생존'이라는 명목하에 많은 미국인들이 경제적으로 몰락하는 동안, 록펠러의 제국은 더욱 거대해져 갔다. '어쩔 수 없다'는 말 아래 스러져간 그 당시 수많은 미국인, 그리고 양극화 문제를 전면에서 맞이하고 있는 우리는 록펠러의 자본 축적 과정과 결과를 어떻게 평가해야 하는가?

프로파일링 보고서

혼돈의 자본주의에
악마적 질서를 부여한 청교도적 자본가

'착한 자본가'라는 말은 일종의 형용모순이다. 자본주의는 집중과 집적을 기본 틀로 하는 규모의 경제와 계열 전문화가 기본 메커니즘인데 그런 자본가에게 선악의 가치를 부여하는 것은 넌센스이다. 실제 현실에서 착한 자본가는 존재할 수 없다. '착함'으로는 그 어떤 경제적 목표도 실현할 수 없기 때문이다. 정주영이나 이건희 같은 재벌들을 보라. 오로지 도덕적 가치로만 평가한다면 그들은 그저 지옥을 문턱이 닳도록 들락날락했어야 할 인물들이다. 그러나 대부분의 사람들은 그들을 그저 악인으로만 바라보지 않는다. 자본주의적 위인관에서는 그들의 악행보다는 그들이 이룬 혁신의 성과에 주목하기 때문이다. 그런 측면에서 자본가들의 비윤리적 행위는 종종 '혁신과 이윤을 위한 불가피한 선택' 또는 '대의를 위한 작은 희생'으로 정당화된다. 이는 마치 뛰어난 요리사의 까다로운 성격이나 사격장 통제관의 엄격함이 그들의 전문성을 위해 용인되는 것과 유사한 논리이다.

자본가의 주요 역할은 높은 수익을 창출할 수 있는 상품 생산을 위해 노동을 전문화하고, 사업 규모를 확장하며, 이를 구조적으로 안정화하는 것이다. 이러한 관점에서 볼 때, 자본가의 성공 여부는 도덕적 기준보다는 경제적 성과에 의해 평가된다. 록펠러는 이러한 자본가의 전형적인 모델로 볼 수 있다. 그의 경영 방식은 법적 경계를 넘나들며 자본 축적의 극대화를 추구하는 것이었다. 이는 도덕적 판단의 대상이라기보다는 그의 시대적 역할에 충실했던 결과로 볼 수 있다. 나아가 록펠러의 '선한' 기부 활동도 마찬가지이다. 미국 사회에서 기업가의 기부는 단순한 선행이 아닌 전략적 선택에 가깝다. 이민자 중심의 미국 사회에서 부는 사회적 지위와 존경의 척도로 작용하며, 대규모 기부는 새로운 형태의 '미국적 귀족'으로 자리매김하는 과정의 일부에 해당하기 때문이다.

더불어 미국 자본주의의 형성 과정은 이민자 가족의 세대 간 갈등과 밀접하게 연관되어 있다. 록펠러 가문은 이러한 현상을 대표적으로 보여주는 사례이다. 1세대 이민자들의 방황과 도덕적 타락은 미국 사회의 기반을 형성하는 데 중요한 역할을 했다. 이들의 희생과 좌절은 자본주의 노동시장의 토대가 되었다. 반면, 2세대는 이전 세대의 경험을 바탕으로 반성적 성찰과 도덕적 엄숙주의를 발전시켰다. 이러한 세대 간 차이는 미국 자본주의 발전의 핵심 동력이 되었다. 1세대의 '인해전술식 희생'은 자본주의의 '본원적 축적'을 가능하게 했다. 이는 마치 햄버거 힐의 비유처럼, 노동예비군을 무한 양산하는 과정과 유사하다. 2세대는 이러한 기반 위에서 '창조적 파괴'를 시작했다. 그들은 청교도적 성실함을 농업이 아닌 상업과 공업에 적용하며 새로운 경제 질서를 만들어냈다. 록펠러의 사례는 이러한 세대 간 변화를 잘 보여준다. 그는 부친의 이중적이고 사기적인 삶을 경험하며, 도덕적 관념에서 일정 부분 자유로워질 수 있었다. 이는 록펠러에게 트라우마로 작용했지만, 동시에 그의 비즈니스 능력을 키우는 데 기여하기도 했다.

그는 이를 바탕으로 '규모의 경제'라는 새로운 비즈니스 모델을 창출했다. 록펠러가 개발한 비즈니스 전략은 당시로써 혁신적이었다. 그가 말하는 '규모의 경제'는 리베이트 시스템을 통해 구현되었다. 이 시스템은 비즈니스 관계를 '엮어내고 묶어내고 솎아내는' 효과적인 방식이었다. 그러나 이러한 방식은 종종 '악마적 질서'로 비판받기도 했다. 하지만 그의 관점에서 도덕은 생존과 경쟁력의 관점에서 재해석되어야 했다. '굶어 죽을 도덕'이나 '경쟁에서 뒤처질 도덕'은 그에게 의미가 없었다. 대신 그는 시장에서의 효율성을 최우선으로 여겼고, 이는 그의 비즈니스 성공의 핵심이 되었다. 이러한 접근 방식은 록펠러가 겪은 문화적 충돌의 결과물이기도 하다. 그는 두 개의 문화적 유산 사이에서 살아가는 모순적인 존재였다. 그러나 이러한 모순을 통해 그는 자본가로서의 새로운 문화적 특징을 창조해냈다. 이는 '부정의 부정'을 통한 새로운 질서의 창출이라고 볼 수 있을 것이다.

록펠러의 삶과 비즈니스 전략은 미국 자본주의의 양면성을 잘 보여준다. 그의 전략은 효율성과 혁신을 통해 경제 성장을 이끌었다. 그가 개발한 '규모의 경제' 모델은 현대 기업 경영의 기초가 되었다. 그러나 다른 한편으로 록펠러의 접근 방식은 도덕적 딜레마를 불러왔다. 그의 성공은 때로는 윤리적 기준을 넘어서는 방식으로 이루어졌고, 이는 그에게도 평생의 트라우마로 남았을 것이다.

그는 청교도적인 성실한 혁신가였다. 하지만 그가 취한 방식은 늘 악마적일 정도로 일탈적이며 파괴적이었다. 그렇지만 그게 지금 현대의 미국 자본주의를 만들어낸 핵심인 것은 그 누구도 부정하지 못한다. 만약 록펠러가 지금 시대에 태어났다면, 그는 아마도 성실한 사기꾼 같은 경제 범죄자 취급을 받았을지도 모르겠다. 그러나 그는 자본주의의 태동기에 태어나서 그의 역할을 해냈고, 가장 위대한 자본가이자 자본주의적 위인이 되었다.

문득 궁금하다. 그는 자신이 부여한 악마적 질서가 언제라도 부활할 수 있다는 것을 알고도 그러한 결정을 내렸을지 말이다.

연방을 위해
해방을 선택한 대통령,
에이브러햄 링컨

에이브러햄 링컨(1809-1864)은 미국 역사상 가장 영향력 있는 대통령 중 한 명으로 널리 알려져 있다. 사람들은 그를 '불쌍한' 흑인 노예들을 해방시킨 영웅적인 인물로 기억한다. 또한 남북전쟁을 승리로 이끌고, 게티스버그 연설에서 '국민의, 국민에 의한, 국민을 위한 정부'라는 표현을 남김으로써 민주주의의 본질을 정의한 지도자로 인식되고 있다. 흑인 노예를 해방하고 민주주의 정부의 정당성을 연설한 이 '멋진' 대통령은 남북전쟁이 끝난 지 채 일주일도 지나지 않은 1864년 4월 14일, 부스라는 이름의 남부 지역 백인 청년에 저격당하여 숨을 거둔다.

그러나 링컨의 정치적 유산은 단순히 노예해방에 국한되지 않는다. 일부 역사학자들은 그의 가장 큰 업적을 미국 연방의 보존으로 평가하기도 한다. 이는 단순한 행정적 성과를 넘어, 미국의 정체성과 미래를 결정짓는 중대한 사안이었다. 링컨 시대의 미국은 독립 이후 급격한 영토 확장과 정치적 변화를 겪고 있었으며, 이는 연방의 존립 자체를 위협하는 수준에 이르렀다.

따라서 링컨의 정치적 결단과 행동을 제대로 이해하기 위해서는 당시의 역사적 맥락을 정확히 파악해야 한다. 1776년 13개 주로 시작한 미국이 링컨 시대에 이르러 어떤 변화를 겪었는지, 그리고 이러한 변화가 어떻게 남북전쟁으로 이어졌는지를 살펴보는 것이 중요하다. 이를 통해 우리는 링컨의 노예해방령과 게티스버그 연설의 진정한 의미를 더 깊이 이해할 수 있을 것이다.

가난한 소년에서 대통령까지

링컨의 삶은 미국의 '자수성가' 신화를 대표하는 이야기 중 하나다. 켄터키주의 가난한 통나무집에서 태어난 그는 독학으로 법률을 공부하여 변호사가 되었다. 이는 당시 미국 사회의 계층이동 가능성을 보여주는 동시에, 링컨의 강한 의지와 지적 능력을 증명한다고 볼 수 있다.

그의 정치적 성장은 스테판 더글러스와의 유명한 토론을 통해 가속화되었다. 이 토론은 단순한 정치적 경쟁을 넘어, 노예제와 연방의 미래에 대한 깊이 있는 논의의 장이었다. 링컨은 이를 통해 전국적인 정치인으로 부상하며, 복잡한 정치적 현실에서 자신의 입장을 명확히 하는 능력을 보여주게 된다.

대통령이 된 뒤, 링컨은 미국 역사상 가장 큰 위기인 남북전쟁을 맞이하게 된다. 그는 노예해방령을 발표하고 전쟁을 승리로 이끌었지만, 그 과정은 결코 순탄치 않았다. 링컨의 정책은 때로는 비판을 받았고, 그의 결정은 항상 논란의 여지가 있었다. 이는 역사적 인물을 단순히 영웅화하는 것이 아니라, 복잡한 상황 속에서 고뇌하는 인간으로 이해하는 자세가 필요하다는 사실을 보여준다.

연방, 그리고 주州의 동상이몽

1776년 미국 독립 전쟁을 주도한 13개 주는 미국이 독립을 달성한 뒤에도 상당한 수준의 자율권을 갖고 있었다, 1787년에 제정된 연방헌법은 미국 독립전쟁 중에 제정된 연합헌장을 보완하는 성격으로 제정되었는데, 『연방주의론』을 공동 저술한 알렉산더 해밀턴과 제임스 매디슨은 다음과 같은 견해를 피력한다.

"이들은 아직도 모순되고 양립할 수 없는 무언가를 만들려는 것 같다. 즉, 주州의 권력을 축소하지 않은 채 연방권력의 확대를 논의하고, 연방을 구성하는 주의 완전한 자주권을 주장하면서 연방주권에 대하여 왈가왈부하고 있다. 다시 말하면, 이들은 아직도 '국가안의 국가'라는 정치적 괴물을 맹목적으로 사랑하고 간직하려는 것 같다."

제임스 메디슨은 필라델피아에서 열리기로 한 대륙회의 전에 워싱턴을 만나 독립전쟁으로 수립될 연방정부가 각 주의 법이 연방의 이해에 맞지 않으면 거부권을 행사할 수 있어야 한다고 주장했다. 워싱턴도 이러한 메디슨의 주장에 동의했다.

그런데 정작 대륙회의에서 메디슨과 워싱턴의 구상은 벽에 부딪힌다. 왜냐하면 13개 주가 상당 기간 독자적으로 성장했던 데다가, 모국이었던 영국의 과한 징세로 인해 일어난 사건이 바로 미국 독립전쟁이었기 때문이다. 좀 거칠게 표현하면, 당시 미국인들은 모국의 폭정에 저항했을 뿐, 모국을 대체하는 새로운 국가의 필요성에 대해서는 아직 크게 느끼지 못한 상태였다.

이들은 미 연방헌법 제4조 제1절에 '각 주는 다른 주의 법령, 기록 및 사법 절차에 대하여 충분한 신뢰와 신용을 가져야 한다. 의회는 이러한 기록 및 사법 절차를 증명하는 방법과 그것들의 효력을 일반 법률로써 규정할 수 있다'는 규정을 덧붙인다. 나아가 제2절에도 '각 주의 인민은 다른 어느 주에서도 그 주의 인민이 향유하는 모든 특권 및 면책권을 가진다. 어느 중에서 반역죄, 중죄 또는 그 밖의 범죄로 인하여 고발된 자가 도피하여 재판을 면하고, 다른 주에서 발견된 경우, 범인이 도피해 나온 주의 행정 당국의 요구에 의하여, 그 범인은 그 범죄에 대한 재판 관할권이 있는 주로 인도되어야 한다'는 내용을 더했다. 즉, 당시 미국인들은 연방을 구성하더라도 각 주의 독립성이 최대한으로 보장되어야 한다는 의식을 가지고 있었던 것이다.

나아가 1791년 12월, 시민의 권리를 보호하기 위해 연방정부의 권력을 제한하는 취지로 『권리장전』이 제정된다. 특히 권리장전의 수정 10조에는 '본 헌법에 의하여 미합중국에 위임되지 아니하였거나, 각 주에게 금지되지 아니한 권한은 각 주나 인민이 보유한다'는 내용이 담겼다. 다시 말해, 연방정부에 위임되지 않은 모든 권한을 주와 국민이 갖는다는 것이다.

다소 길지만, 연방헌법과 권리장전의 본 문장을 인용한 이유는 남북전쟁의 궁극적인 배경을 설명하기 위함과 동시에 링컨이 노예해방령 시행에 대해 알려진 것보다 훨씬 유보적이었다는 점을 주지시키기 위함이다. 링컨은 노예제에 대해서는 도덕적으로 옳지 못하다는 입장을 견지했지만, 제도로서 노예제를 폐지하는 문제는 정치인 링컨에게 결코 쉽지 않은 문제였다.

노예제는 반대했지만, 노예제 폐지는 동의하지 않은 정치인

링컨이 처음 가입한 휘그당은 자유주의적 전통이 강한 정당으로 알려져 있다. 이러한 배경은 링컨이 노예제에 대해 비판적인 입장을 가졌을 것이라는 일반적인 추측으로 이어진다. 그러나 19세기 중반 미국의 정치적 현실은 이러한 단순한 가정을 허용하지 않는다. 당시 미국 경제의 중추였던 농업 부문이 흑인 노예의 노동력에 크게 의존하고 있었기 때문이다. 노예제를 폐지한다는 입장을 선명하게 주장하는 정치인은 선거에서 낙선하기 일쑤였다. 즉, 도덕적인 입장에서 노예제를 반대하는 것과 정책적 측면에서 노예제를 폐지하자고 주장하는 것은 완전히 다른 이야기였다는 말이다.

링컨 역시 이러한 정치적 현실에서 자유롭지 못했다. 1836년 일리노이주 의회에서 그는 흑인 참정권에 반대표를 던졌고, 같은 해 대선에서는 흑인 남성의 투표권을 지지했던 민주당 후보 마틴 반 뷰랜을 비난하기도 했다. 이것만 보면 과연 링컨이 노예제를 폐지한 정치인이 맞나 싶을 정도다.

그는 1837년 11월 일리노이주에서 발생한 일라이자 러브조이 살해 사건에도 우리의 기대와는 다른 태도를 보였다. 러브조이는 노예제 폐지를 강력히 주장하던 신문 편집자였다. 당시 링컨은 이 사건을 직접적으로 언급하지 않으면서도 "교회에 불을 지르고 양식 창고를 약탈하며 신문 인쇄기를 강에 던져버리고 편집인들을 총살하는" 폭도들의 행위를 비판했다. 더불어 이러한 폭력 행위가 처벌받지 않는 현실을 지적하며 법치주의의 중요성을 강조했다. 그러나 이때도 링컨은 노예제 폐지 주장에 대해서는 동의하지 않았다.

링컨은 노예제가 가지고 있는 문제점은 분명히 인식하고 있었다. 미국 독립전쟁의 정신 중 하나가 '자유'라는 점에서 피부색이 다르다는 이유로 사람이 사람을 동물처럼 다루는 노예제는 분명 문제였다. 그러나 그는 정치인으로서 국가의 안정을 더 우선시했다. 이는 그가 직면한 가장 큰 딜레마였다. 노예제가 단순한 도덕적 문제를 넘어 미국 사회 전반을 규정하는 핵심 이슈였기에, 그는 노예제로 인한 부차적 문제들을 방어하거나 제거하는 데 초점을 맞추어 자신의 입장을 견지해 나갔다. 그리고 훗날 그의 이런 '어정쩡한' 입장은 대통령으로서 명확한 정책 방향을 제시해야 하는 그의 위치와 충돌하게 된다.

중립이 초래한 극단의 결과, 남북전쟁

1854년 제정된 캔사스-네브라스카 법은 미국 역사의 중요한 전환점이 되었다. 이 법은 기존의 '미주리 타협'을 폐지하고, 노예제 문제에 대한 새로운 접근법을 제시했다. 핵심 내용은 각 주의 노예제 채택 여부를 해당 지역 남성 정착민들의 투표로 결정한다는 것이었다. 이 법의 제정은 노예주와 자유주 간의 갈등을 더욱 심화시켰다. 노예주를 지지하는 백인들은 캔사스와 네브라스카 지역으로 집중 이주하려는 움직임을 보였고, 이는 자유주의 입장에서 노예주 세력의 강화를 의미했다. 결과적으로 이 법은 당시 미국 사회의 분열을 가속화하는 촉매제 역할을 하게 되었다.

1860년 11월, 링컨이 공화당의 대통령 후보로 선출되었다. 링컨의 선출 배경에는 역설적인 요소가 있었다. 그가 공화당 내 다른 노예제 폐지론자들에 비해 '덜 급진적'이라는 평가를 받아 후보로 선택되었던 것이다. 링컨의 정치적 입장은 복잡했다. 그는 도덕적으로 노예제를 비난하면서도, 정책적 측면에서 노예주의 입장을 고려하는 주장을 펼쳤다. 이러한 중도적 태도는 전미반노예제협회로부터 '온화하고 존경할 만한 중개인'이라는 평가를 받게 했다. 다시 말해, 링컨은 온건한 반노예제 정서와 소극적인 보수주의 사이에서 균형을 잡는 인물로 인식되었던 것이다.

  이러한 링컨의 특성은 1860년 대선에서 그의 승리를 이끌어 냈다. 한편으로는 노예제 폐지론자들의 '비판적 지지'를, 다른 한편으로는 노예주에 대한 '정무적 판단'을 기대하는 유권자들의 지지를 얻어낼 수 있었다. 그의 당선은 미국 사회의 깊은 분열 속에서 타협점을 찾으려는 유권자 나름의 시도였지만, 결과적으로는 더 큰 갈등의 전조가 되었다.

  1861년 4월 12일, 남부연합군의 섬터 요새 포격으로 남북전쟁이 시작되었다. 이는 링컨이 추구했던 중립적 입장, 즉 노예제 중단과 미합중국 유지라는 구상이 최악의 상황으로 전개된 것을 의미했다. 노예제를 둘러싼 갈등이 더 이상 정치적 타협으로 해결될 수 없는 지경에 이르렀음을 보여주는 사건이었다. 남부의 노예주들은 제퍼슨 데이비스를 새로운 대통령으로 선출하고, 로버트 리를 중심으로 남부연합군을 조직하며 독립을 선언했다. 이는 미국이 두 개의 국가로 분열되는 위기 상황을 의미했다. 링컨의 중도적 접근이 결국 양측 모두를 만족시키지 못하고 전쟁이라는 극단적 상황을 초래한 것이다.

현실 정치인 링컨의 필승 카드, 노예제 폐지

링컨은 1861년 7월 4일 연방의회 특별 교서를 통해 연방의 존속성에 대한 강력한 입장을 표명했다. 그는 각 주의 독립과 자유가 연방을 통해 획득되었음을 강조하며, 연방 탈퇴의 부당성을 주장했다. 나아가 그는 탈퇴의 권리를 허용하는 것이 곧 정부의 해체로 이어질 수 있다고 경고했다. 결과적으로 '연방을 수호하는 북군'과 '국론 분열을 조장하는 남군'의 대립 구도로 남북전쟁이 흘러가게 된다.

남북전쟁의 발발로 노예제의 존폐 여부가 불확실해진 상황에서, 노예제 폐지를 주장하는 세력들은 전쟁을 이데올로기적 투쟁의 기회로 활용하고자 했다. 링컨은 연방 유지를 위해 전쟁에서의 승리가 필수적임을 인식하고, 점진적으로 노예제 폐지론자들의 주장을 반영하는 정책들을 추진하기 시작했다. 구체적으로 링컨은 워싱턴 D.C.와 연방 준주들의 노예제 폐지, 남부 경계주들에 대한 점진적 노예해방 제안, 1차 및 2차 사유재산 강제 몰수법 제정 등의 정책을 실행에 옮겼다.

1862년 초 링컨은 노예제 폐지론자들과의 면담을 통해 흑인병 입대와 도망노예법 폐지 등의 제안을 듣게 된다. 이는 링컨이 북부의 입장을 노예제 폐지론으로 정립해야 한다는 필요성을 인식하게 된 중요한 계기가 되었다. 링컨의 정책 변화는 단순한 이념적 전환이 아닌 전략적 선택이었다. 남부연합에 맞서기 위해서는 북부의 입장 통일이 필요했고, 이를 위해 노예제 폐지라는 명확한 대의명분이 요구되었다. 링컨은 이러한 정치적 현실을 직시하고 대응했던 것이다.

미완의 죽음이 만든 신화, 에이브러햄 링컨

1862년은 미국 역사상 중요한 전환점이 되는 해였다. 7월 22일, 링컨 대통령의 각료회의에서 노예해방이 결정되었고, 이는 남북전쟁의 성격을 근본적으로 바꾸는 계기가 되었다. 9월 17일 앤티텀 전투에서 북군이 승리를 거두었고, 닷새 뒤에 노예해방 예비 선언이 발표되었다. 이로써 남북전쟁은 단순한 영토 분쟁을 넘어 '흑인 노예해방'이라는 도덕적 대의를 가진 전쟁으로 변모하게 되었다.

이러한 변화는 전쟁의 명분을 강화했고, 1865년 링컨의 재선으로 이어졌다. 남북전쟁은 이제 노예제 폐지와 '민주주의 수호'라는 더 큰 의미를 지니게 되었다. 1865년 4월 9일, 남군 사령관 로버트 리가 항복 문서에 서명하면서 남북전쟁은 북부의 승리로 마무리되었다. 그리고 얼마 뒤, 링컨은 부스의 총격으로 세상을 떠났다.

링컨의 재임 기간 동안 이루어진 가장 중요한 변화 중 하나는 미국 연방의 강화였다. 링컨의 정책은 각 주의 권한을 넘어서는 강력한 중앙정부의 필요성을 강조했다. 이로 인해 미국은 단순한 주들의 연합체에서 하나의 통합된 국가로 변모하게 되었다. 이는 현대 미국의 정치 체제와 국가 정체성 형성에 지대한 영향을 미쳤다.

그는 단순한 노예해방론자라기보다는 연방의 안정과 통합을 추구한 정치인이었다. 하지만 갑작스러운 죽음으로 인해, 노예제 폐지에 대한 자신의 비전과 계획을 완전히 실현하지 못한 채 역사 속으로 사라졌다. 그의 비극적인 죽음은 그에 대한 역사적 평가에도 큰 영향을 미쳤다. 승리의 열매를 누리지 못하고 암살당한 그의 운명은 대중의 감성을 자극했고, 이는 그의 업적에 대한 객관적 평가를 어렵게 만들었다. 생전보다 사후에 더 높은 평가를 받는 '위대한 대통령' 링컨의 신화는 그의 죽음에서 시작된 것이었는지도 모르겠다.

프로파일링 보고서

노예해방의 아버지가 된 경계인

근대 시민사회는 과거의 유산과 현재의 다원성이 공존하는 복잡한 구조를 지니고 있다. 이러한 사회적 다양성은 불가피하게 갈등을 야기되며, 때로는 파괴적인 결과를 초래하기도 한다. 이런 맥락에서 민주주의의 핵심 역할은 사회의 다양한 이해관계 사이에서 균형을 잡는 것이다. 극단주의나 원칙주의와 같은 절대적 가치관을 지닌 집단들이 존재하는 현실에서, 이들을 하나의 틀 안에 포용하는 정치적 노력이 필요하다.

민주주의 제도는 이러한 복잡한 사회적 역학을 조율하기 위해 발전해 왔다. 타협과 협상을 통해 다양한 의견을 수렴하고, 이를 바탕으로 정책을 수립하는 과정이 민주정치의 핵심이다. 그러나 이는 단순히 말로만 이루어질 수 있는 것이 아니다. 역사적으로 볼 때, 민주주의 대의정치는 때로는 기회주의로, 때로는 타협주의로 불리며 복잡한 과정을 거쳐 발전해 왔다.

이러한 맥락 안에서 링컨의 역할은 주목할 만하다. 그는 미국이 나아가야 할 방향을 명확히 제시했으며, 연방주의자 또는 국가주의자라는 비판에도 불구하고 민주주의의 경계선에서 자신의 역할을 충실히 수행했다.

그는 흔히 노예해방의 영웅으로 알려져 있지만, 이는 그의 실제 모습과는 다소 거리가 있다. 자수성가한 변호사 출신의 정치인인 링컨은, 이전 시대의 위인들과 비교했을 때 특징이 없는 인물이었다. 정규 교육도 받지 못했으며, 청년 시절에는 가난으로 인해 우체국장과 변호사, 뱃사공, 가게 점원, 토지측량사 등 다양한 직업을 전전했다. 굳이 특별한 점을 고르자면, 그의 뛰어난 체력 정도를 들 수 있다. 그는 이를 바탕삼아 프로레슬러로 활동했고, 12년 동안 단 한 번의 패배만을 기록할 만큼 강한 선수였다.

그러나 앞서 언급한 시민사회와 대의 민주주의의 관점에서 볼 때, 링컨의 의미는 달라진다. 그는 출신이나 타고난 재능과 무관하게, 순수하게 사회갈등을 중재하는 능력만으로 위인이 된 인물이었다. 이는 민주정치의 이상을 실현한 대중 정치인의 모범 사례로 볼 수 있다.

링컨의 사례는 민주사회에서 기본적인 민주적 교육과 훈련만으로도 누구나 사회의 중요한 구성원이 될 수 있다는 것을 보여준다. 그는 이 원리를 스스로 증명하며 대통령의 자리에까지 올랐고, 이로 인해 미국의 초대 대통령이나 건국의 아버지들보다 더 큰 존경을 받게 되었다.

이런 그의 초기 정치 경력에서 노예제 문제는 그의 주요 관심사가 아니었다. 그에게 노예제는 단순히 미국의 도덕적 이미지를 손상시키는 구시대적 악습으로 여겨졌다. 이는 당시 많은 정치인들이 노예제에 대해 가졌던 일반적인 견해와 크게 다르지 않았다. 링컨은 노예주들과 직접적인 대결을 피하고자 했으며, 이는 그의 초기 정치적 입장이 다소 온건했음을 시사한다.

그러나 링컨이 정치적 지위를 높여감에 따라, 특히 대통령직에 오르면서 노예제 문제는 그의 정책 의제 중 가장 중요한 위치를 차지하게 되었다. 이는 미국의 정치적 지형이 급격히 변화하고 있었음을 반영한다. 남북 간의 갈등이 고조되고, 연방의 존립이 위협받는 상황에서 노예제 문제는 더 이상 회피할 수 없는 국가적 과제가 되었던 것이다.

이러한 상황 변화는 링컨으로 하여금 자신의 정치적 능력을 최대한 발휘하여 노예제 문제에 대처하도록 만들었다. 그의 접근 방식은 순수한 도덕적 신념보다는 현실적인 정치적 필요성에 의해 주도되었다. 이는 링컨이 단순히 도덕적 이상을 추구하는 지도자가 아니라, 현실적인 정치적 판단을 내리는 능력 있는 정치인이었음을 시사한다.

앞서 살펴본 것처럼 링컨의 삶은 정치인 이전의 보잘 것 없는 시기와 난관을 극복한 정치인으로서의 시기로 나눌 수 있다. 이 두 시기를 통합하여 민주정치의 결과물로 대통령 링컨이 존재한다. 전쟁 이후 그의 정치적 행보에 대한 기대가 컸던 것은 바로 이러한 배경 때문이었다.

불행히도 링컨의 죽음으로 인해 그의 삶에 대한 평가는 단절되었다. 이로 인해 그에 대한 과도한 미화와 평가가 이루어졌고, 이는 현재까지도 지속되고 있다. 이러한 단절된 평가는 링컨의 복잡한 인격과 정치적 현실주의를 온전히 반영하지 못하는 한계를 가진다.

그럼에도 링컨의 게티스버그 연설은 여전히 그 자체로 감동적이다. 이는 링컨의 언어적 재능과 정치적 비전을 보여주는 중요한 예시다. 이 연설은 미국의 이상과 가치를 간결하면서도 강력하게 표현하여, 오늘날까지도 미국 민주주의의 핵심 문서로 남아있다. 단절되었으나 가장 오래 지속되는 정치인, 그가 바로 에이브러햄 링컨이다.

참고 문헌

단행본

- 카를로스 푸엔테스, 『라틴아메리카의 역사』, 까치, 2015
- 잉걸 외 공저, 『잔다르크』, 씨익북스, 2020
- 김장수, 『유럽의 절대왕정시대』, 푸른사상, 2015
- 강성학, 『시어도어 루스벨트』, 박영사, 2023
- 슈테판 츠바이크, 『마리 앙투아네트』, 이화북스, 2023
- 홍익희, 『홍익희의 유대인 경제사 7』, 한스미디어, 2016
- 홍익희, 『홍익희의 유대인 경제사 8』, 한스미디어, 2016
- 장 오리외, 『카트린 드 메디치』, 들녘, 2005
- 찰스 R. 모리스, 『신화가 된 기업가들 타이쿤』, 황금나침반, 2007
- 제임스 레스턴, 『이슬람의 영웅 살라딘과 신의 전사들』, 민음사, 2003
- 앤드류 카네기, 『철강왕 카네기 자서전』, 나래북, 2011
- 잭 비어티, 『거상-대기업이 미국을 바꿨다』, 물푸레, 2002
- 앨프리드 W. 크로스비, 『태양의 아이들』, 세종서적, 2009
- 시몬 볼리바르 외, 『독립과 나라 세우기』, 동명사, 2018
- 이정희 외, 『기업가와 유토피아』, 영남대학교출판부, 2016

- 한국서양고대역사문화학회, 『아우구스투스 연구』, 책과함께, 2016
- 허승일 외, 『인물로 보는 서양 고대사』, 길, 2006
- A. J. P. 테일러, 『제2차 세계대전의 기원』, 지식의풍경, 2003
- 토마스 R. 마틴, 『고대 그리스사』, 책과함께, 2015
- 토마스 R. 마틴, 『고대 로마사』, 책과함께, 2015
- 김장수, 『마리아 테레지아』, 푸른사상, 2020
- 김태권, 『김태권의 십자군 이야기 5』, 비아북, 2013
- 바실 리델 하트, 『스키피오 아프리카누스』, 사이, 2010
- 플루타르코스, 『플루타르코스 영웅전 1, 2』, 동서문화사, 2007
- 이영림 외, 『근대 유럽의 형성』, 까치, 2011
- 에른스트 H. 곰브리치, 『곰브리치 세계사』, 비룡소, 2019
- 박윤덕 외, 『서양사강좌』, 아카넷, 2016
- 배영수 외, 『서양사강의』, 한울, 2019
- 탐 블래닝 외, 『옥스퍼드 유럽 현대사』, 한울, 2003
- 김진경 외, 『서양고대사강의』, 한울, 2011
- 마르틴 브로샤트, 『히틀러국가』, 문학과지성사, 2011
- 윌리엄 R. 맨체스터, 『아메리칸 시저 1, 2』, 미래사, 2007
- 페리 앤더슨, 『절대주의 국가의 계보』, 현실문화, 2014
- 수전 캠벨 바롤레티, 『히틀러의 아이들』, 지식의풍경, 2008
- 데들리프 포이케르트, 『나치 시대의 일상사』, 개마고원. 2003
- 로버트 O. 팩스턴, 『파시즘』, 교양인, 2005

학술논문

- 박재욱, 「페리클레스 추도 연설과 스파르타」, 『서양사연구(제67집)』, 한국서양사연구회, 2022
- 안재원, 「페리클레스는 미친 헤라클레스인가」, 『대구사학(제145권)』, 대구사학회, 2021

- 장시은,「아테네의 위기와 페리클레스의 연설」,『수사학(제24집)』, 한국수사학회, 2015
- 손병석,「페리클레스를 통해 본 지도자론」,『서양고전학연구(제35권)』, 한국서양고전학회, 2009
- 최자영,「페리클레스 시민권법 제정의 정치, 재정적 의미」,『서양고대사연구(제47집)』, 한국서양고대역사문화학회, 2016
- 박구병,「'해방자'의 꿈과 현실 : 볼리바르의 눈에 비친 미국」,『미국사연구(제23집)』, 한국미국사학회, 2006
- 송기도,「남미 해방자, 볼리바르」,『인물과사상(제17호)』, 인물과사상사, 1999
- 김남균,「더글러스 맥아더 재평가: 미국의 세기와 맥아더」,『군사(제59호)』, 국방부 군사편찬연구소, 2006
- 박동휘,「군인 맥아더와 대중 담론의 변화」,『역사와세계(제39집)』, 효원사학회, 2011
- 이상호,「맥아더의 극동국제군사재판 처리와 전후 한일관계 굴절의 기원」,『군사(제85호)』, 국방부 군사편찬연구소, 2012
- 이상호,「한국전쟁 이전 맥아더의 대한인식」,『정신문화연구(제98호)』, 한국학중앙연구원, 2005
- 성백용,「잔다르크-프랑스의 열정과 기억의 전투」,『역사비평(제66호)』, 역사문제연구소, 2004
- 성백용,「스크린에 비친 잔다르크의 이미지들」,『프랑스학연구(제33호)』, 한국프랑스학회, 2005
- 한상복,「교회에서 화형당한 전투적 성인, 잔 다르크」,『가톨릭평론(제18호)』, 우리신학연구소, 2018
- 올리비에 부지,「잔다르크와 상징들」,『유관순연구(제5호)』, 백석대학교 유관순연구소, 2005
- 최용찬,「히틀러 국가의 내부 구조를 꿰뚫어 본 독일 현대사 연구의 걸작」,『독일연구(제23호)』, 한국독일사학회, 2012
- 권형진,「히틀러에 의한, 히틀러를 위한, 히틀러의 국가」,『역사학보(제212호)』, 역사학회, 2011

- 박상철, 「1차 대전과 전제정」, 『서양사론(제123호)』, 한국서양사학회, 2014
- 홍웅호, 「러일전쟁 이전 러시아의 동아시아 정책」, 『역사와담론(제56호)』, 호서사학회, 2010
- 박상철, 「1915년 여름 러시아 제국의 정치적 위기와 대신회의」, 『역사학연구(제61집)』, 호남사학회, 2016
- 박상철, 「스톨리핀, 전제정과 대신회의」, 『서양사론(제73호)』, 한국서양사학회, 2002
- 기연수, 「알렉산드르 2의 개혁에 대한 고찰」, 『국제지역연구(제8권 1호)』, 한국외국어대학교 국제지역연구센터, 2004
- 이용재, 「전쟁과 혁명 사이에서」, 『역사학보(제201호)』, 역사학회, 2009
- 김상엽, 「로마 제정 초기 황제들의 곡물정책」, 『서양고대사연구(제15권)』, 한국서양고대역사문화학회, 2004
- 김상엽, 「수에토니우스의 전기와 로마의 어머니 상」, 『세계역사와문화연구(제48집)』, 한국세계문화사학회, 2018
- 안희돈, 「네로 황제 집권 전반기 궁중 권력 투쟁」, 『서양고대사연구(제21권)』, 한국서양고대역사문화학회, 2007
- 김상엽, 「아우구스투스의 평화 제단과 이데올로기」, 『서양고대사연구(제39권)』, 한국서양고대역사문화학회
- 김상엽, 「로마 공화정 말기와 제정 초기 곡물배급과 정치적 소통의 관계」, 『서양고대사연구(제35권)』, 한국서양고대역사문화학회, 2013
- 이용재, 「나폴레옹 보나파르트의 브뤼메르 18일」, 『서양사연구(제45호)』, 한국서양사연구회, 2011
- 이용재, 「나폴레옹 전쟁」, 『프랑스사연구(제34호)』, 한국프랑스사학회, 2016
- 이용재, 「나폴레옹 프로파간다: '구원자' 신화의 탄생」, 『프랑스사연구(제44호)』, 한국프랑스사학회, 2021
- 김민철, 「1799년 11월 9일, 시에예스와 나폴레옹 보나파르트의 무월 18일 정변」, 『프랑스사연구(제48호)』, 한국프랑스사학회, 2023
- 이용재, 「나폴레옹-신화와 반신화의 변주곡」, 『역사비평(제67호)』, 역사문제연구소, 2004

- 심인보,「1912년 미국 대선과 시어도어 루스벨트」,『경주사학(제24호)』, 경주사학회, 2006
- 전홍찬,「미국의 러일전쟁 중재에 관한 재조명」,『사회과학연구(제26집 4호)』, 경성대학교 사회과학연구소, 2010
- 최정수,「미국 '현대 외교'의 기원」,『미국사연구(제17호)』, 한국미국사학회, 2003
- 윤진,「한니발과 자마 전투」,『역사와담론(제73호)』, 호서사학회, 2015
- 문준영,「파시즘 정권의 영화정책과 극영화」,『서양사론(제158호)』, 한국서양사학회, 2023
- 신미숙,「한니발과 스키피오」,『역사비평(제42호)』, 역사문제연구소, 1998
- 김충현,「카트린 드 메디시스의 종교정책, 종교적 자유의 길을 만들다」,『인문과예술(제14호)』, 인문예술학회, 2023
- 전성원,「존 데이비슨 록펠러: 20세기 석유문명을 만든 탐욕과 자선의 야누스」,『인물과사상(제143호)』, 인물과사상사, 2010
- 강준만,「왜 미국 부자들은 개같이 벌어 정승같이 쓰는가 : 철강왕 앤드루 카네기의 두 얼굴」,『인물과사상(제189호)』, 인물과사상사, 2014
- 김덕수,「클레오파트라에 대한 혐오와 로마공화정의 몰락」,『서양고대사연구(제64호)』, 한국서양고대역사문화학회, 2022
- 김경현,「옥타비아누스의 리더십에 관한 연구」,『서양고대사연구(제56호)』, 한국서양고대역사문화학회, 2019
- 김창성,「로마 공화정 후기의 재정의식과 아우구스투스의 재정운영」,『서양고대사연구(제39호)』, 한국서양고대역사문화학회, 2014
- 배소연,「아우구스투스가 남긴 '시민황제'라는 유산」,『서양고대사연구(제58호)』, 한국서양고대역사문화학회, 2020
- 김용환,「예카테리나 2세와 계몽주의」,『슬라브연구(제38권)』, 한국외국어대학교 러시아연구소, 2022
- 박지배,「18세기 후반 예카테리나 정부의 중농사상과 무역정책」,『역사문화연구(제51호)』, 한국외국어대학교 역사문화연구소, 2014
- 김현란,「엘리자베스 1세의 독신주의의 심리적 요인」,『전북사학(제27호)』, 전북사학회, 2004

- 김현란, 「튜더 영국인과 마키아벨리즘」, 『서양사론(제96호)』, 한국서양사학회, 2008
- 김현란, 「엘리자베스 1세의 교육과 독신주의」, 『서양중세사연구(제15호)』, 한국서양중세사학회, 2005
- 주명철, 「왕비의 다이아몬드 목걸이 사건의 문화적 의미」, 『역사학보(제177호)』, 역사학회, 2003
- 김남균, 「에이브러햄 링컨 : 미국 신화의 탄생」, 『미국사연구(제33집)』, 한국미국사문화학회, 2011
- 허현, 「링컨과 노예제, 그리고 노예제폐지론」, 『서양사론(제154호)』, 한국서양사학회, 2022
- 양재열, 「에이브러햄 링컨 대통령과 공화당 급진파 간의 갈등 : 1864년 대선을 중심으로」, 『대구사학(제119권)』, 대구사학회, 2015
- 이보형, 「링컨, 연방, 노예제도」, 『미국사연구(제30집)』, 한국미국사학회, 2009
- 이진준, 「프레데릭 더글러스의 인생 이야기에 나타난 더글러스의 자아정체성과 사회의식」, 『미국학논집(제35권 2호)』, 한국아메리카학회, 2003

꿰뚫는 세계사
시대를 이끈 자, 시대를 거스른 자

초판 1쇄 발행 2025년 5월 22일

지은이 김효성, 배상훈

펴낸이 김재원, 이준형
디자인 studio forb

펴낸곳 비욘드날리지 주식회사
출판등록 제2023-0001117호
E-Mail admin@tappik.co.kr

ⓒ 김효성, 배상훈
ISBN 979-11-991840-2-2 03900

- 책값은 뒤표지에 적혀 있습니다.
- 잘못 만든 책은 구입하신 서점에서 바꾸어 드립니다.
- 날리지는 비욘드날리지의 인문·교양 레이블입니다.
- 이 책은 저작권법에 따라 보호받는 저작물이므로 무단전재와 무단복제를 금합니다.